EL EFECTO DE LAS PALABRAS

USA EL LENGUAJE PARA TRANSFORMAR TU MENTE, TU CUERPO Y TU VIDA

VERÓNICA SÁNCHEZ DE DARIVAS

Publicado y editado por Verónica Sánchez González
Print ISBN: 978-0-6455606-5-7
Ebook ISBN: 978-0-6455606-6-4

Diseño de portada por Pam Brossman y Verónica Sánchez González.

AVISO LEGAL

Las personas y los eventos descritos y representados y el resto de la información contenida en este libro tienen únicamente fines educativos. Si bien se ha hecho todo lo posible para verificar la información proporcionada en este libro, la autora no asume ninguna responsabilidad por errores, inexactitudes u omisiones. Este libro no pretende ser utilizado como una fuente de asesoramiento psicológico, científico o de salud.

NOTA DE LA AUTORA

La autora solo ha investigado y reunido la información contenida en este libro y se ha basado en su propia experiencia al decidir y evaluar lo presentado a los lectores. Ningún ejercicio reemplaza la orientación de profesionales de la salud y es solo un complemento a tener en cuenta.

DEDICATORIA

Dedico este libro a todos aquellos que alguna vez han sentido el peso de las palabras y su impacto en la mente, en el cuerpo y en el corazón.

Todo aquello que pensamos, que nos decimos a nosotros mismos y también a otros puede ser transformado. Siempre existe la posibilidad de un nuevo comienzo, de una palabra más consciente, más amable y más luminosa.

Siempre hay esperanza...

EL EFECTO DE LAS PALABRAS

USA EL LENGUAJE PARA TRANSFORMAR TU MENTE, TU CUERPO Y TU VIDA

INTRODUCCIÓN

Las palabras son vibración, son olas de energía que irrumpen en las orillas de nuestra mente y cuerpo. Úsalas sabiamente."

Con esta cita, de mi autoría, termina el primer libro corto digital que escribí y publiqué acerca del poder del lenguaje hablado y escrito en el año 2020, un año difícil a nivel mundial y personal, en el que los cimientos de nuestra sociedad y del planeta fueron sacudidos y transformados profundamente. En ese entonces, ni siquiera éramos capaces de ver las repercusiones que el encierro forzado tendría en nuestro bienestar mental, físico y espiritual, especialmente en nuestros niños y jóvenes. En ese escenario duro y de incertidumbre encontré refugio en los cursos que dicté y en ese libro, complemento de uno de ellos. Las palabras, además, me acompañaron a través de la creación de diversos artículos para revistas online y para mi blog de ese momento.

Mi fascinación con el lenguaje, con las palabras, me ha acompañado desde niña, desde que empecé a escribir historias, ahora perdidas en el tiempo y en los recuerdos de antaño. Pues verás, las palabras no son tan solo palabras. No. Las palabras tienen vida, son activas.

Las escuchamos desde que estamos en el vientre de nuestras madres y durante todo el resto de nuestra existencia en este plano físico. Aunque algunos de nosotros no poseamos el privilegio de escuchar, hablar o ver, las palabras están presentes en el lenguaje de señas, en la lectura de labios y en la lectura braille.

Están presentes en la senda que nos toca recorrer en este mundo.

Te cuento un poco de esa senda, de ese camino de mi pasado, para que conozcas el trasfondo de este libro.

Hace un tiempo atrás

Mis primeros años están un poco borrosos en mi mente. A veces tengo destellos donde me veo en la casa de mis tías, caminando con un libro en la cabeza para aprender a caminar derecho y aprendiendo a bailar vals, porque era el baile que toda dama debía conocer. Mis tías estaban en sus años dorados en ese entonces, pero todavía estaban activas, y fallecieron a una edad avanzada. Entonces, allí estaba yo, probablemente con unos diez años, aprendiendo a bailar vals y a caminar "correctamente". Esos días quedaron grabados en mi memoria como hermosos y despreocupados, pero llenos de aprendizajes a la vez.

La lectura era mi escape y, afortunadamente, en nuestra casa había algunos libros muy buenos. Recuerdo haber leído una gran colección de libros llamada Tesoro de la Juventud. Me atraían particularmente los filósofos, como Marco Aurelio, hasta el día de hoy uno de mis favoritos.

Uno de los grandes momentos que recuerdo de esa época fue la invitación de don Ismael y doña Zunny para visitar su biblioteca. Solían vivir en la hermosa casa a la entrada de nuestro pasaje. Don Ismael era escritor y académico. Me sorprendí mucho cuando vi todos los libros ordenados en estanterías y el elegante escritorio con una preciosa máquina de escribir encima. Fue como entrar en un paraíso de palabras. Aquella visita me impresionó tanto que me prometí tener algún día mi propia biblioteca. Poco sabía de la vida gitana que llevaría años después, lo que me impidió crear esa biblioteca soñada. Aún quiero hacerlo algún día. Sí, algún día.

Cada verano íbamos a la playa. Para nosotros, los niños, era el momento más importante del año. Esos días me sentía libre, explorando junto a mis hermanos el bosque cercano al pueblo, dando largos paseos por la playa y recorriendo de ida y vuelta el pequeño pueblo de pescadores. Un mundo de maravillas estaba esperando ser descubierto. Fue allí donde me enamoré por primera vez. El hijo de la dueña de la única tienda de comestibles del pueblo solía invitarme a acompañarlo al mostrador mientras él estaba a cargo. Lo único que hacía era tomar mi mano y mirarme. Su historia siempre me fascinó: su madre, una bella mujer local, se enamoró de un marinero inglés que servía en uno de los grandes barcos que solían detenerse en el muelle. No sé cuánto duró su historia de amor, pero sí lo suficiente para que este joven tuviera una relación con su padre. Esa historia, por sí sola, fue suficiente para que yo imaginara un mundo de viajes y aventuras para mi joven pretendiente. Su padre le había prometido llevarlo al mar cuando tuviera la edad suficiente.

Tengo gratos recuerdos de aquella época, en la que lo único que me importaba era explorar, jugar, nadar, pescar y estar enamorada.

Unos veranos después, el clan, me refiero no solo a mis padres y hermanos, sino también a mis tías, tíos, primos, a parte de mi familia paterna extendida, decidimos pasar los veranos juntos y lo hicimos en diferentes pueblos y en la ciudad de Viña del Mar. Esos veranos fueron muy especiales. Éramos un grupo grande y, en los días nublados, solíamos visitar las atracciones locales. Lo más destacado de esos días para mí fue visitar una de las casas del poeta premio Nobel Pablo Neruda, convertidas en museos después de su muerte. Neruda era un coleccionista de arte y de objetos raros; su colección de mascarones de proa es legendaria. Me transportaba a un universo de magia, viajes, barcos fantasma, piratas y sirenas.

Vengo de una tierra de poetas y escritores. Chile está ubicado en el último rincón del planeta y la cordillera de los Andes es nuestro "centinela silencioso". Este tipo de aislamiento se refleja en nuestra literatura. No es de extrañar que me haya picado el gusanillo de las palabras.

Mi pasión por la lectura, la escritura y la historia me permitió obtener buenos resultados en el colegio en esas materias. Esto me llevó, más tarde, a graduarme como Profesora de Castellano. Esos años de estudio para ser docente estuvieron marcados por mi involucramiento en la política local. La dictadura de Pinochet era fuerte y yo no soportaba la idea de injusticias.

Además, parte de mi familia, la de mi madre, estaba exiliada en Alemania. Crecí sin mi querida abuela y sin mis queridos tías y tíos. Asistía a las protestas solo con medio limón y un pañuelo para protegerme de las bombas lacrimógenas que lanzaban la policía y las fuerzas armadas y lista para correr, escapando del "guanaco", el carro que se usaba para controlar a los manifestantes lanzándoles agua a presión. También fui parte del centro de estudiantes, donde solíamos organizar eventos de oratoria y canto en contra de la dictadura. Muchas veces escribí los guiones para esas ocasiones y me paré frente a mucha gente, conduciendo los eventos.

Estoy feliz de haber participado de manera tan activa en la búsqueda de la democracia en mi país. En 1990, la democracia regresó a Chile y, a pesar de las circunstancias, me gradué con distinción y enseñé en diferentes colegios por algunos años.

Uno de los momentos de esa época que atesoro en mi corazón es el tiempo que estuve enseñando español a jóvenes que regresaban del exilio. Estos jóvenes eran hijos de personas que se exiliaron al principio de la dictadura, entre 1973 y 1974, y también en años posteriores, y comenzaron a regresar lentamente cuando el gobierno se vio obligado a permitirles entrar al país unos años antes del final de la dictadura.

Estos jóvenes provenían, en su mayoría, de países europeos y el español era su segunda lengua. Nunca olvidaré sus esfuerzos por ser aceptados en un país que apenas conocían, por aprender el idioma, la esperanza que sentían, los altibajos de vivir en un lugar completamente extraño. Cosas que entiendo perfectamente y que he experimentado yo misma en mi vida en diferentes países y culturas.

A veces, en nuestras vidas, sentimos la necesidad de pertenecer. Durante mis años de estudio me sentí parte de un grupo con un propósito. Hoy en día, pertenecer tiene un significado diferente para mí, más asociado al significado de ser, pero en esos años locos aprendí a ser parte de una comunidad, a ver el otro lado de una sociedad dividida por clases sociales e ideologías. Mi crianza privilegiada se puso a prueba y creo que pasé con éxito.

Como puedes ver, las palabras, los libros y las historias han definido y creado mi camino de vida, una senda con diferentes pequeños senderos que finalmente convergen en un solo gran camino.

Una sola palabra puede crear vida y una sola palabra puede destruir vida.

El efecto producido por las palabras en nosotros ha sido estudiado por la ciencia, sin embargo, conocemos muy poco sobre ello. Las palabras que decimos son relevantes, pues son vibración, energía que nos afecta no solo mental y emocionalmente, sino también físicamente.

En este libro vamos a explorar el efecto de las palabras en nuestra mente, corazón y cuerpo en general. Hablaremos sobre confianza, autoestima, risas, música y mucho más. También aprenderemos algunas técnicas para cambiar nuestros "hábitos de palabras" y mejorar así nuestra comunicación interna y externa. Haremos esto de la mano de investigaciones científicas, historias reales, citas de sabios, entrevistas a expertos, recomendaciones y ejercicios simples, pero efectivos.

Este libro tiene un carácter un poco ecléctico, pues he integrado algunos de mis artículos y columnas escritas para periódicos y revistas digitales con el fin de dar mayor profundidad y énfasis a los temas tratados, temas que llevo años desarrollando a través de la escritura, talleres y diferentes espacios de presentación.

Cada capítulo está compuesto por diversas secciones las que van adquiriendo cada vez más sentido a medida que avanzamos en la lectura. Algunos conceptos podrían parecer repetitivos en ciertos momentos, sin embargo, si observas con atención, notarás que son abordados desde perspectivas sutilmente diferentes, aportando nuevas capas de comprensión y reflexión.

Te invito a sumergirte en el universo de las palabras y a adquirir una nueva consciencia sobre ellas y su rol en nuestra vida diaria.

EL EFECTO DE LAS PALABRAS

USA EL LENGUAJE PARA TRANSFORMAR TU MENTE, TU CUERPO Y TU VIDA

CAPÍTULO UNO
LA HUELLA DE LAS PALABRAS EN LA MENTE

Diferentes investigaciones y experimentos científicos han comprobado el efecto que las palabras tienen en nuestra mente. Mencionaré aquí algunos, pero antes veamos algunos datos acerca del cerebro mismo.

Nuestra habilidad para comunicarnos está alojada en varias áreas del cerebro que trabajan en colaboración para que podamos expresarnos. La habilidad de hablar está controlada por el cerebrum o encéfalo. El encéfalo se divide en dos partes llamadas hemisferios, unidos por un nervio fibroso conocido como corpus callosum. Es bastante conocido el hecho de que el hemisferio derecho se relaciona con la creatividad y el arte, mientras que el hemisferio izquierdo tiene que ver con el lenguaje y las matemáticas.

Las investigaciones muestran que, en realidad, el lenguaje es parte de una compleja red en nuestro cerebro. Los hemisferios se dividen en áreas conocidas como lóbulos frontal, parietal, temporal y occipital. Los lóbulos frontal y temporal están asociados a la formación y comprensión del lenguaje.

Otras áreas del cerebro están en relación directa con la creación del lenguaje. Por ejemplo, el área de Broca, localizada en la parte frontal del hemisferio izquierdo, posee un rol importante en la transformación de ideas y pensamientos en palabras habladas. El área de Wernicke, ubicada en el lóbulo temporal, justo detrás de las orejas, se relaciona con la comprensión y el procesamiento del habla y del lenguaje escrito.

El cerebelo, ubicado en la parte posterior del cerebro, se asocia a los movimientos musculares voluntarios, como abrir y cerrar la boca, y participa en el procesamiento del lenguaje.

Hay otras partes del cerebro involucradas en nuestra habilidad de comunicarnos. Sin embargo, aquí quiero referirme más bien al efecto de las palabras en nuestra salud mental, tomando en cuenta que la mente es una función compleja de muchas partes del cerebro y que incluso lo trasciende, de acuerdo con las últimas investigaciones que sugieren que el cerebro es, en realidad, un procesador de pensamientos.

Existe una gran variedad de estudios científicos y experimentos que apuntan al efecto tanto positivo como negativo que poseen las palabras que escuchamos y decimos. En un estudio publicado en el año 2010 en la prestigiosa revista Science Direct y dirigido por Maria Richter y otros científicos, se llegó a la conclusión de que las palabras dolorosas y negativas impactan áreas de la corteza cerebral asociadas a la producción de hormonas que inducen estrés y ansiedad.

A lo largo de nuestra experiencia de vida, es posible ver el efecto que las palabras han tenido y tienen en nuestras emociones, en nuestra mente. De acuerdo con un estudio del año 2019, en el que los investigadores analizaron el efecto del llamado "abuso verbal" en 5.616 estudiantes universitarios, se pudo identificar que el abuso verbal por parte de sus compañeros tenía efectos reales en la vida diaria. Algunas personas tenían miedo de ser asertivas y presentaban dificultades para recordar citas y obligaciones.

Algunas también experimentaron cambios físicos y mayor irritabilidad. De hecho, otros estudios han demostrado que el abuso verbal provoca depresión, ansiedad, estrés, estrés asociado a trauma, pensamientos suicidas e incluso trastorno bipolar.

Diálogo Interno

Es importante tener en cuenta que, si bien las palabras que escuchamos de otros nos afectan, las palabras que nos decimos a nosotros mismos nos influencian también y, probablemente, incluso más que aquello que las personas que nos rodean nos dicen. En idioma inglés se habla mucho de "self-talk", cuya traducción al español se conoce como diálogo interno. Cuando el diálogo interno se enfoca en palabras negativas, nuestra salud mental se deteriora. De hecho, un estudio del año 1998 comprobó que el diálogo interno negativo provocaba ansiedad en niños considerados "normales", es decir, sin una condición psiquiátrica o psicológica. Las palabras negativas, pensadas, dichas y escuchadas, causan estrés y ansiedad prolongada.

Cuando hablamos de diálogo interno, no solamente las palabras negativas tienen un efecto en nosotros, también lo positivo y el autoconocimiento son relevantes. En el primer libro que escribí acerca del poder de las palabras, Hábitos Positivos, 21 Palabras Que Transforman Tu Vida Diariamente, menciono lo siguiente: el profesor Alain Morin, de la Universidad Mount Royal de Canadá, ha realizado varios estudios sobre el habla interna. Su investigación encontró una relación entre hablar con uno mismo con más frecuencia y tener una mayor autoconciencia y autoevaluación.

Cultivar una manera beneficiosa de hablarnos a nosotros mismos nos impulsa a reconocer nuestras emociones y comprenderlas mejor, a comprender situaciones pasadas y aprender de ellas, a hacer una pausa y reflexionar.

<u>Ejercicio para empezar a cambiar tu diálogo interno</u>

Los acrónimos son una manera favorita mía de jugar con las palabras de alta vibración y, dentro de estos juegos, hay uno que he aplicado en mí misma y con personas cercanas a mí. A este juego-ejercicio le he llamado "Acronombre" y consiste en escribir tu nombre de pila o primer nombre en forma vertical y, una vez hecho esto, pensar en una palabra de alta vibración, positiva, que empiece con la primera letra de tu nombre y escribirla al lado de dicha letra. Después, continúas con la segunda letra y así sucesivamente hasta completar tu nombre. Si tu nombre es compuesto, por ejemplo, María Fernanda, piensa y escribe una palabra por cada letra de tu nombre compuesto. Te muestro, como guía, mi nombre:

V erdad
E terna
R espiro
O bedezco
N utro
I ntuición
C orazón
A mor

Posteriormente, escribe qué significa cada palabra para ti. A saber, yo soy mi verdad y, para mí, la gran verdad es una sola. Soy eterna, soy ser energía, soy infinita. Respiro, vivo.

Obedezco a mi llamado interno. Nutro mi alma, mi cuerpo. Mi intuición me guía. Mi corazón late, recibe amor y lo expande. El amor es la luz en mi camino.

Si te das cuenta, este acrónimo de tu nombre muestra el ser que eres, tus valores, creencias y esencia. Pues bien, este ejercicio-juego, que puede parecer intrascendente, es maravillosamente bueno para elevar tu confianza y autoestima en esos momentos en que requieres un refuerzo para mejorar tu bienestar mental y emocional. Haz el ejercicio Acronombre, guarda lo que escribiste y vuelve a revisarlo cada vez que sea necesario. Verás que será un bálsamo y un alivio para ti. Tómalo como un primer paso para cambiar tu diálogo interno, para recordar tu valía.

Vibración y Energía

Las palabras vibran, es decir, son ondas sonoras emitidas desde nuestra boca de acuerdo con la posición de la lengua. Sin embargo, la conocida frase que dice que las palabras son vibración se entiende mayormente en el sentido de que las palabras son energía y, más allá de teorías científicas, en mi experiencia las palabras son exactamente eso. Veamos...

La palabra vibración viene del latín *vibratio* y se refiere a la acción de agitarse rápidamente, temblar y reverberar. La palabra energía viene del griego *enérgeia* e indica fuerza o capacidad de acción. Cuando pronunciamos palabras, estas resuenan en nosotros y fuera de nosotros. Se sabe que el sonido viaja, que produce ondas y que esas ondas chocan con lo que está alrededor. En mi opinión, la fuerza con la que las palabras son dichas se traduce en energía, que actúa en el campo emocional, mental y físico. Entonces, cuando declaramos que las palabras son energía, en mi comprensión nos estamos refiriendo a la fuerza con la que dichas palabras vibran y reverberan en nosotros y en el ambiente inmediato.

Las palabras tienen significado, uno dado por la humanidad a través de la evolución del lenguaje. Sin embargo, ese significado puede variar de acuerdo con diferentes culturas y con las diferentes experiencias de cada persona. En mi libro Hábitos Positivos... menciono lo siguiente: Podríamos decir que palabras como paz, armonía, gratitud y amor son palabras de alta vibración o de alta frecuencia. Ahora, otras palabras pueden o no ser de alta vibración dependiendo de nuestras experiencias de vida, palabras como familia, amistad, lealtad o verdad.

Dicho lo anterior, no es difícil darse cuenta de que las palabras, ya sean positivas o negativas, adquieren una energía propia al ser dichas por nosotros y esa energía se acompaña de la entonación, que en mi experiencia representa una emoción. No es lo mismo decirle a alguien "cuidado" para advertirle de un peligro que para amenazarlo. La palabra es la misma, pero el cómo se entona le proporciona diferentes significados. Más allá de la entonación, existen palabras que significarán algo positivo o no para cada persona de acuerdo con su experiencia de vida.

Aquí quiero detenerme para poner atención en lo que popularmente se conoce como alta o baja frecuencia. Aunque el término frecuencia se refiere a la velocidad a la que suceden las cosas en un cierto período de tiempo, hemos asociado dicho término a las vibraciones positivas o negativas.

Entonces, las palabras de alta frecuencia son aquellas de elevada vibración y que poseen un significado beneficioso y positivo en nuestra experiencia de vida, y las palabras de baja frecuencia son aquellas de disminuida vibración y que poseen el significado contrario.

Es un hecho conocido que la salud mental está muy asociada a lo que nuestras emociones nos dictan, a cómo nos sentimos, a cómo nos percibimos y a cómo vemos el ambiente que nos rodea. Pues bien, las palabras que escuchamos y decimos son parte de dicha salud mental y, si esas palabras son aquellas que se consideran de baja vibración, es decir, negativas, se producen en nosotros efectos no deseados y, la mayoría del tiempo, ocultos en nuestro subconsciente, que pasan a formar parte de nuestra percepción interna y externa.

Confianza y Autoestima

Frases como "no eres capaz", "eres tonta o tonto", "no sirves para nada" son un ejemplo de expresiones que muchos de nosotros hemos escuchado en nuestra vida y que, posiblemente, han afectado, en mayor o menor grado, nuestra confianza y autoestima. En la existencia, tener confianza en nosotros mismos es fundamental, sobre todo al momento de confiar en personas cercanas. En otras palabras, confío en mí y, por lo tanto, puedo discernir e intuir si puedo confiar en otros o no. La desconfianza en uno mismo lleva a la duda, a la toma de decisiones erradas, a sentimientos de estar sometidos a la voluntad de otros y, finalmente, al deterioro de nuestro bienestar mental y emocional.

La palabra confianza deriva de confiar y se compone del

prefijo *con*, que significa junto, cerca de; de la raíz latina *fi*, que se refiere a fe, y del sufijo *anza*, que apunta a cualidad de. Es decir, confianza significa tener fe en uno mismo o en otros.

La confianza va de la mano con la autoestima. Esta palabra viene del griego *auto*, que se refiere a propio o por uno mismo, y del latín *aestimare*, que significa valorar. La autoestima es, entonces, el valor que uno se da a sí mismo.

La confianza y la autoestima van de la mano con el lenguaje que usamos para hablarnos a nosotros mismos, con esas palabras que hemos ido incorporando en nuestra mente y en nuestros sentimientos a lo largo de nuestra vida. Hace unos pocos años, escribí una columna llamada Seis pasos para mejorar tu confianza y autoestima para la revista en idioma inglés Brainz Magazine, de la que fui columnista por dos años y medio. He incluido parte de ella aquí por ser relevante al tema tratado.

"Nuestras vidas parecen ser un poco más complicadas y difíciles de navegar hoy en día. La ironía es que tenemos todo para estar a gusto y a cargo de nuestras experiencias en este mundo. Por ejemplo, se supone que la tecnología está aquí para facilitar nuestra vida cotidiana, sin embargo, muchos de nosotros no nos sentimos así.

Una de las cosas que está afectando nuestra autoconciencia es la sensación de no tener la confianza suficiente para llevar a cabo nuestros sueños y deseos del corazón. Pasamos horas enganchados a las redes sociales, mirando videos e imágenes de personas exitosas, con la esperanza de encontrar inspiración para empezar a hacer lo que realmente queremos hacer. En realidad, no nos damos cuenta de que cualquier inspiración es interna, lo que significa que, aunque parezca que la encontramos en otra parte, el deseo de superación nace dentro de nosotros.

La confianza es definida por el Diccionario de Cambridge como la cualidad de estar seguro de tus habilidades o de tener confianza en las personas, los planes o el futuro. Entonces, inmediatamente se viene a la mente la autoestima, que significa tener confianza y satisfacción con uno mismo. Podemos ver que la confianza está directamente relacionada con la autoestima y, en ese sentido, cuando llegamos a este mundo, todos tenemos estas habilidades y cualidades incorporadas, pero las vamos perdiendo, en mayor o menor medida, dependiendo de nuestras experiencias de vida.

Varias universidades y científicos han estudiado los efectos de la confianza y la autoestima en nosotros y todos han encontrado el mismo común denominador o, podríamos decir, rasgo: las palabras. Las palabras que nos decimos a nosotros mismos y a los demás son fundamentalmente importantes. Las palabras positivas tienen un buen efecto en nuestra confianza en nosotros mismos y las palabras negativas hacen que nuestra confianza y autoestima desciendan varios peldaños en la escalera del merecimiento y el sentido de vergüenza.

Sin embargo, hay una trampa: las palabras no actúan solas, deben hacerlo junto con nuestros sentimientos. Aunque la repetición de palabras de empoderamiento es vital, su efecto se ve reforzado por la forma en que nos sentimos con respecto a ellas. Es de gran importancia observar los sentimientos cálidos de tu corazón y aferrarte a ellos. Recuerda que eres dueña de ti misma, dueño de ti mismo, cree en ti. La confianza viene de adentro y tienes hermosas cualidades personales para compartir con el mundo.

<u>Seis pasos para mejorar tu confianza y autoestima</u>

¿Y cómo rompemos el ciclo de baja confianza y autoestima? Aquí hay seis pasos para empezar.

- Busca un lugar tranquilo y piensa en tres de tus cualidades más positivas y escríbelas. Por ejemplo, si eres una persona afectuosa, escríbelo.
- Ahora piensa en una instancia, situación o evento en el que cada una de esas tres cualidades estuvo presente o las usaste. Escribe esa situación junto a la cualidad pertinente.
- Recuerda cómo te sentiste durante esas situaciones y escribe tus sentimientos al lado de la situación.
- Haz una pausa por un momento, coloca una mano en el área de tu corazón y pregúntate: ¿cómo y dónde puedo aplicar mis cualidades más positivas para mi propio beneficio y el beneficio de los demás? Escribe lo que te viene a la mente y a los sentimientos.
- Comienza a dar los pasos para dejar brillar tus cualidades, en otras palabras, actúa sobre ellas. Hazlo paso a paso, no te abrumes.
- Mantén un diario o un cuaderno de notas para documentar tu viaje hacia la confianza y la autoestima. Las investigaciones muestran que escribir sobre nuestras experiencias mejora significativamente nuestro bienestar general y nuestra salud mental."

Como podemos ver, el uso del lenguaje es de vital importancia en cuanto a la confianza y el amor propio. De hecho, el diálogo interno positivo nos ayuda a aumentar la autoconfianza y la autoestima en nosotros mismos.

Percepción

Seguramente, has oído la frase "todo es percepción" y según la ciencia esto parece ser así. Veamos.

Durante mucho tiempo se creyó que percibir era simplemente recibir información del mundo, como si nuestros sentidos fueran una cámara que registra fielmente lo que ocurre. Sin embargo, los estudios científicos actuales describen la percepción como un proceso activo, complejo y profundamente interpretativo, de hecho, sería una construcción.

La palabra percepción viene del latín *perceptio* que a su vez viene de *percipere* y su significado se refiere a recibir, a aprehender con la mente o los sentidos.

Cuando miras, escuchas o interpretas una situación, tu cerebro no solo capta estímulos. Selecciona información, la organiza y la interpreta a partir de experiencias previas, creencias, emociones y expectativas. Es decir, no ves el mundo tal como es, sino tal como tu mente logra construirlo en ese instante.

Las emociones también influyen en la percepción. Lo que tiene carga emocional capta más fácilmente nuestra atención. Investigaciones sobre visión binocular han demostrado que rostros asociados con información negativa se vuelven más dominantes visualmente.

Lo emocionalmente relevante se impone, no necesariamente porque sea más real, sino porque es más significativo para nuestro cerebro.

También percibimos de manera distinta a nosotros mismos y a los demás. A nosotros nos interpretamos desde la introspección, es decir, a través de pensamientos y emociones internas. A los demás, los evaluamos desde la extrospección, observando comportamientos externos.

El psicólogo Robert Cialdini, en su conocido libro Influence, explica que, debido a la enorme complejidad del mundo, el cerebro utiliza atajos mentales. Estos atajos nos ayudan a tomar decisiones rápidas, pero también pueden distorsionar la percepción. Percibimos autoridad, valor o credibilidad no siempre por análisis profundo, sino que por señales contextuales, esto hace que nuestra percepción pueda ser influenciada sin que lo notemos.

Un ejemplo poderoso de cómo percepción y memoria se entrelazan es el famoso experimento del accidente automovilístico realizado en 1974 por Elizabeth Loftus y John Palmer. A varios participantes se les mostró un video de un choque entre dos autos. Después, se les pidió estimar la velocidad a la que iban los vehículos. La pregunta variaba ligeramente: a algunos se les preguntó qué tan rápido iban los autos cuando se "golpearon", a otros cuando se "chocaron" y a otros cuando se "destrozaron".

El resultado fue sorprendente. Cuanto más intensa era la palabra utilizada, mayor era la velocidad estimada por los participantes. Pero eso no fue todo, días después, cuando se les preguntó si habían visto vidrios rotos en la escena, quienes escucharon la palabra “destrozaron” afirmaron con mayor frecuencia que sí los había, aunque en realidad no existían.

Este estudio mostró algo profundo: la percepción no es una grabación fiel de la realidad, puede ser modificada por el lenguaje y por la información posterior a un evento. Lo que creemos haber visto puede estar influido por cómo nos lo cuentan después.

Sin embargo, que la percepción no sea perfecta no significa que sea inútil. Por el contrario, es altamente funcional, ya que nuestro cerebro utiliza incluso ilusiones para crear estabilidad, pues prefiere una realidad coherente y práctica antes que una copia exacta pero caótica.

Entonces, lo que podemos inferir de todo esto es que nuestra experiencia del mundo no es objetiva ni definitiva, sino que está filtrada por nuestra historia, emociones, creencias y contexto. En este sentido, en mi opinión, el conocer esta información es una invitación a cuestionar lo que damos por hecho, a observar nuestras reacciones, a preguntarnos qué parte de lo que vemos pertenece realmente a la situación y qué parte nace dentro de nosotros. Es, entonces, preciso comprender que si la percepción es una construcción, entonces también puede transformarse.

Las palabras y los niños

Voy, ya establecido lo anterior y con la certeza de que podemos transformar la realidad, a elaborar el tema de la infancia, de cómo las palabras impactan nuestra niñez y posterior vida adulta. Cada vez se hacen más conocidos los estudios acerca del efecto que el lenguaje tiene en los niños. Mencionaré aquí un par para darte una idea de la importancia de cuidar nuestras palabras cuando hablamos con nuestros hijos u otros niños. De hecho, en su libro Brainstorm, el doctor Daniel Siegel escribe: "Desafortunadamente, lo que otros creen acerca de nosotros puede dar forma a cómo nos vemos a nosotros mismos y a cómo nos comportamos."

En un estudio publicado en el conocido journal Child Development se comprobó que los niños que escuchan a sus padres usar palabras negativas para referirse a un grupo de personas en particular desarrollan una inclinación negativa hacia dicho grupo. Los niños son fácilmente influenciables por lo que escuchan cuando están creciendo, pues es ahí donde desarrollan la percepción del mundo que los rodea.

Otro estudio del año 2024, llevado a cabo por la reconocida plataforma de aprendizaje del lenguaje Preply, pudo establecer las siete palabras de connotación negativa más usadas por los padres. Estas palabras son: travieso, malcriado, perezoso, egoísta, maleducado, mentiroso, estúpido.

Obviamente, este estudio fue hecho en idioma inglés, sin embargo, creo que las palabras que los padres usamos con nuestros hijos son similares en todo el mundo; en cada país se dicen usando el dialecto local y expresiones que significan lo mismo. El estudio, además, determinó que uno de cada cuatro padres admite que, sin quererlo realmente, hace sentir mal a sus hijos con sus palabras y uno de cada cinco padres califica a sus hijos de mentirosos.

El problema es que la mayoría de las personas no tiene la consciencia de cómo las palabras afectan a los niños, especialmente si esas palabras poseen un significado negativo o perjudicial.

Una sola palabra hiriente dicha por nuestros padres puede tener un efecto devastador y expansivo en el tiempo en nuestro estado mental y emocional. Es decir, los efectos de las palabras que escuchamos cuando somos niños pueden perdurar en el tiempo y afectar nuestra percepción de nosotros mismos y de nuestro entorno.

He invitado, como una manera de entender mejor el vínculo entre niñez, palabras y salud mental, a la reconocida psicóloga chilena Karen Muci a darnos su punto de vista profesional sobre el tema. Karen es psicóloga infantojuvenil y tiene una larga trayectoria trabajando en colegios y en su consulta con niños y adolescentes.

Karen Muci ha podido, durante su ejercicio profesional a través de los años, observar las dinámicas familiares en la población general, donde los conflictos de comunicación son frecuentes, pues cada familia tiene sus normas de funcionamiento y dinámicas particulares. La comunicación entre cada integrante es diferente, lo que produce un complejo tejido de mensajes e interpretaciones, instalación de creencias, percepción de emociones, sentimientos, conclusiones, etc. Entonces, debemos estar muy atentos a los mensajes que transmitimos como madres y padres en la etapa de crianza de los hijos, dice Karen. Para ilustrar lo anterior, le hice una serie de preguntas a Karen que espero sean de ayuda para ti si eres madre o padre.

¿Cómo influyen en los niños las palabras que escuchan de sus padres sobre otras personas?

Los niños comienzan a construir su visión del mundo en gran medida a partir de lo que observan y escuchan en casa de sus personas significativas. Cuando los padres expresan juicios negativos sobre otras personas (por su apariencia, origen, creencias, capacidades), los niños pueden internalizar prejuicios y desarrollar una visión del mundo sesgada, que tendrá un impacto posterior en su vida.

Pueden también, aprender que criticar o descalificar a otros es una forma válida de interacción social. Por otro lado, si los padres hablan con empatía y respeto, fomentan en sus hijos actitudes prosociales, desarrollando en ellos habilidades emocionales básicas y una mentalidad abierta.

¿Qué impacto psicológico tienen las palabras de nuestros padres en nuestra infancia?

El lenguaje de los padres moldea la autoimagen del niño y su percepción de su valor personal, el lenguaje que escucha un niño en su infancia, será un espejo de sí mismo en su adultez.

Comentarios constantes como "eres flojo" o "siempre te equivocas" pueden llevar a la interiorización de etiquetas negativas y afectar seriamente, de forma permanente, la autoestima. En contraste, mensajes de apoyo como "sé que puedes intentarlo de nuevo" o "confío en ti" refuerzan la seguridad y la resiliencia.

Las palabras de los padres influyen en el desarrollo de la voz interna del niño, la que lo acompañará toda su vida y puede ser un recurso de fortaleza o una fuente de autocrítica destructiva, que obstaculice el logro de su proyecto de vida.

¿Has conocido algún caso en el que el lenguaje utilizado en casa haya afectado el comportamiento escolar o la salud mental de un niño o niña?

Sí, en mi práctica clínica, a diario veo el impacto que tiene en el desarrollo psicosocial de niños y adolescentes, el ambiente familiar en el que se están formando, las familias pueden ser un factor de riesgo, o pueden ser un factor protector para niños y adolescentes, que dependerá de los mensajes verbales y no verbales que existen al interior de esas familias.

Un caso relevante fue el de un niño de 10 años que tenía dificultades escolares y escuchaba constantemente de su madre frases como "a ti te cuesta tanto" o "eres más lento, hay que tener paciencia contigo", "esto a ti te cuesta más que a tu hermana". Con el tiempo, el niño empezó a rechazar los desafíos académicos, evitaba participar en clase y mostraba síntomas de ansiedad ante cualquier evaluación. En terapia, trabajamos en la reconstrucción de su autoestima y en cambiar la narrativa familiar para incorporar refuerzos positivos. Cuando la madre modificó su lenguaje a frases como "sé que puedes aprender " y "vamos a intentarlo juntos" y otras, la actitud del niño evolucionó hacia una mayor mentalización de sí mismo, mayor autoconocimiento y aceptación, aumentó su motivación personal frente a los desafíos.

Según tu experiencia, ¿qué palabras o expresiones pueden ser más perjudiciales para la salud mental y emocional de niños y adolescentes?

En mi experiencia existen muchas formas explícitas y no explícitas de afectar el normal desarrollo de la motivación y autoestima de los niños; por ejemplo frases que invalidan emociones como "no llores por tonterías", pueden hacer que los niños repriman sus sentimientos y desarrollen dificultades en la regulación emocional. Otras expresiones dañinas incluyen etiquetas como "siempre haces todo mal" o comparaciones como "ojalá fueras como tu hermano", que minan la autoestima. También son perjudiciales los mensajes de miedo o culpa excesiva como "si te portas mal, nadie te va a querer", ya que pueden generar inseguridad y ansiedad.

¿Crees que el lenguaje utilizado en redes sociales y televisión influye en la salud emocional y el comportamiento de niños y adolescentes?

Definitivamente SÍ.

Hoy en día existe cada vez mayor evidencia del impacto que tienen las redes sociales en los cerebros de niños y adolescentes, provocando consecuencias a nivel muy profundo, en áreas como funciones ejecutivas, desarrollo relacional, conducta prosocial, desarrollo de la empatía, motivación, pérdida de metas a largo plazo, construcción de la identidad y más, todo esto afecta seriamente la salud mental de niños y adolescentes.

Las redes sociales pueden reforzar estereotipos, promover estándares inalcanzables de belleza o éxito. Existe tendencia a imitar el lenguaje y las actitudes que ven en estos medios. Si los niños están expuestos a contenidos que normalizan la violencia verbal, el bullying o la humillación, pueden replicar esas dinámicas en sus relaciones, normalizando conductas poco empáticas y carentes de valores humanos, suponiendo que es aceptable o común.

La alta exposición a redes sociales daña profundamente la adquisición de estrategias socioemocionales básicas para el desarrollo de niños y adolescentes.

¿Qué palabras pueden emplear los padres para fortalecer la autoestima y el bienestar de sus hijos, beneficiándolos a ellos y a su entorno?

El lenguaje positivo y de refuerzo es clave. Tener un lenguaje orientado al desafío y logro de objetivos, un lenguaje que transmita la firme creencia de "TU PUEDES", que logre transmitir confianza y desarrollo de autonomía progresiva, que entregue expectativas positivas hacia los hijos.

Algunas frases que favorecen la autoestima y el bienestar emocional son:

- Validación emocional: "Entiendo cómo te sientes" / "Tus emociones son importantes".
- Empoderamiento: "Confío en ti" / "Sé que puedes hacerlo".
- Reconocimiento del esfuerzo: "Veo que trabajaste mucho en esto" / "Lo importante es que sigas intentando".
- Amor incondicional: "Te quiero tal como eres" / "Eres muy valioso para mí".
- Autoconfianza: "Eres capaz de tomar buenas decisiones" / "Estoy orgulloso de cómo enfrentaste esta situación".

Estas expresiones no solo fortalecen la relación entre padres e hijos, sino que también fomentan la resiliencia y la seguridad en sí mismos, impactando positivamente su desarrollo emocional y social.

Las palabras de los profesores

Una parte importante de nuestra vida se desarrolla en la escuela, colegio y universidad y, en este sentido, las palabras usadas por los profesores son fundamentales también.

Yo crecí en una época en la que no se conocían los efectos de las palabras en la infancia y, como muchos, sufrí las consecuencias de escuchar palabras hirientes de parte de mis profesores.

Aclaro, en primer lugar, que no estoy juzgando a los profesores, solo estoy describiendo hechos que en esta época actual deben ser tomados en cuenta, pues esa es la manera de avanzar como personas, como humanidad. Yo misma soy profesora y, aunque no ejerzo como tal desde hace muchos años, me hubiera gustado contar con más conocimiento con respecto al impacto psicológico y emocional del lenguaje en niños y adolescentes cuando sí ejercí como profesora.

Los estudios demuestran que las palabras que los estudiantes escuchan de sus profesores pueden empoderarlos o afectar seriamente su confianza en sus habilidades. Un estudio publicado por el Journal of English and Applied Linguistics en diciembre de 2023 encontró que, cuando los profesores usan palabras consideradas negativas para calificar a sus estudiantes, como estúpido o perezoso, dichos estudiantes se sienten maltratados, poco valorados y esto se refleja en un pobre desempeño escolar.

Otro estudio realizado por la Zhengzhou Normal University en China encontró que, cuando los profesores usan un buen lenguaje tanto para impartir conocimientos como para hablar con los estudiantes, se produce un efecto de confianza en ellos que los empodera a aprender mejor y con más alegría. En este sentido, el estudio sugiere a los profesores prepararse en los aspectos psicológicos y lingüísticos para enseñar y cultivar el amor por su trabajo y por sus estudiantes.

Los pensamientos

La palabra pensamiento proviene del latín *pensare*, que significa considerar, comparar, y del sufijo *miento*, que indica resultado de. Entonces, un pensamiento es una consideración, una idea que surgiría de la mente. Sin embargo, la noción de que los pensamientos surgen de la mente está todavía en discusión, pues el cerebro no sería el lugar donde se producen los pensamientos, sino que más bien los procesa. Para mí, esto tiene mucho sentido, pues somos mucho más que un cerebro y un cuerpo, somos consciencia. Dicho esto, es preciso recordar que los pensamientos negativos no nos ayudan.

Uno de los puntos más importantes a tener en cuenta y que ya mencioné antes en este capítulo, es tener un diálogo interno sano, es decir, que nuestro discurso mental y emocional interno sea positivo. Aclaro que no estoy, de ninguna manera, diciendo que debe ser siempre así; de hecho, es parte de la naturaleza humana el pasar por varios estados mentales y emocionales durante el día y la vida en general. A lo que me refiero es a desarrollar la habilidad de detenernos cuando estemos pensando cosas negativas sobre nosotros mismos y hacer el intento de cambiar ese discurso que no nos beneficia.

Veamos un ejemplo: si pienso que me veo mal, que debería haberme vestido de otra manera y esto me sucede casi cada día, estaré reforzando una idea sobre mí misma que no me va a hacer bien. Entonces, si soy capaz de darme cuenta de esos pensamientos negativos, puedo pausar y preguntarme: ¿qué puedo hacer para sentirme mejor? Ya el solo hecho de hacerme una pregunta que cuestiona esos pensamientos negativos está ayudando a un cambio en mi diálogo interno y, si respondo a esa pregunta con una solución que me eleva hacia lo positivo, ya estoy aprendiendo a detener el discurso interno que no me beneficia. Sigamos con el ejemplo: me hago la pregunta y me respondo: "mañana me vestiré de una manera diferente, con ese lindo vestido lila que casi nunca uso y que me hace sentir linda y elegante". Aquí aparece otra clave, lo que conocemos como acción, es decir, no solo pienso en la respuesta a mi pregunta, sino que al día siguiente actúo de acuerdo con lo que decidí: me pongo el vestido lila y sonrío frente al espejo. Ya di el primer paso en el cambio de mis pensamientos.

Este cambio de pensamiento es aplicable a todos aquellos pensamientos que no son de utilidad para nuestro bienestar. La fórmula es la siguiente:

Pensamiento negativo → Detenerse → Preguntarse por una solución → Responderse → Tomar acción → Repetir.

Por otra parte, si los pensamientos que tienes en mente son del tipo "soy fea o feo", "nadie me quiere", "no soy buena o bueno para nada", "no valgo nada", la fórmula es un poco diferente, pues en este caso se sugiere un cambio de pensamiento radical. Por ejemplo, "no valgo nada" se cambia por "soy valiosa o valioso, valgo mucho". En estos casos entra en juego la repetición. Debemos repetir esas palabras positivas hasta sentirlas y hacerlas parte de nuestros pensamientos cotidianos. La fórmula, entonces, es:

Pensamiento negativo → Detenerse → Cambio a pensamiento positivo → Repetición hasta incorporar el pensamiento positivo.

La apuesta aquí es a elevar nuestro bienestar a través de nuestros pensamientos, siendo conscientes de ellos, mejorándolos, cambiándolos cuando sea necesario, dándonos la oportunidad de valorarnos más y de cultivar el amor propio.
Nota: estos ejercicios son un apoyo, no una solución completa; todo dependerá de las circunstancias personales de cada individuo.

La importancia de la repetición

La palabra repetir viene del latín *repetere* y significa "volver a decir lo dicho o volver a hacer lo hecho".

Los estudios muestran que la repetición es clave para cimentar nuestras creencias, hábitos y mejorar nuestro proceso de aprendizaje. De hecho, los niños aprenden a través de la repetición de palabras, de ver a sus adultos significativos actuar en la vida diaria, de repetir lo que observan. Así, desde pequeños, la repetición refuerza aquellos aspectos que nos han convertido en las personas que somos hoy.

La ciencia ha establecido que una de las claves para ser feliz es la repetición de las pequeñas cosas que traen alegría a nuestras vidas, desde lo pequeño a lo grande. Por ejemplo, si leer te hace feliz, si estar en la naturaleza te alegra el corazón, si compartir con tus amigos te da satisfacción, si viajar te llena de alegría, repite, repite, repite, hazlo hábito cuando se requiera y disfruta tanto del proceso como del resultado.

Ya en mi primer libro sobre este tema, Hábitos Positivos, 21 Palabras..., mencioné brevemente lo siguiente: La repetición tiene un poder real. En mi experiencia, cuando repito las cosas durante un cierto tiempo, obtengo resultados mucho mejores. Si practicamos un deporte, cuanto más lo hacemos, mejores nos volvemos en él. Esto sucede con todo lo que hacemos una y otra vez en la vida, bueno o malo. Repetir cosas nos hace mejores en eso, sea beneficioso para nosotros o no.

Entonces, es vital saber que si repetimos palabras, por ejemplo mantras y afirmaciones, que son en esencia positivas, estaremos reforzando beneficiosamente nuestra salud mental y emocional. Sin embargo, lo contrario es también cierto, pues las palabras negativas, al ser repetidas, tendrán un efecto perjudicial en nosotros. Recuerda que tú tienes el poder de elegir aquello que te dices a ti mismo y a otros. El amor propio parte por casa. Cuando te amas y te tratas bien estás en condiciones de amar a otros. Repite aquello que te hace bien y que eleva tu bienestar.

El efecto positivo de las palabras en la mente

Pues bien, hablemos ahora del efecto positivo de las palabras, que es lo que a mí me interesa que comprendas y practiques en tu vida diaria.

Si nos basamos en los estudios acerca del poder del lenguaje, nos daremos cuenta de que la contraparte al uso de las palabras consideradas negativas es el uso de aquellas que son consideradas positivas, aquellas que nos empoderan y alegran el corazón. De hecho, las investigaciones demuestran que las palabras positivas tienen un efecto en el cerebro, ya que este posee la capacidad de adaptarse, lo que se conoce como neuroplasticidad. Por otro lado, en un estudio reciente realizado por científicos de Virginia Tech y publicado en el

Journal Cell Reports, se sugiere que químicos como la dopamina y la serotonina se liberan en partes del cerebro al procesar el significado emocional de las palabras. Esto, sin duda, afecta nuestra salud emocional y mental, ya que las palabras positivas ayudarían a nuestro cerebro a liberar químicos que nos benefician.

Entonces, al usar palabras positivas obtendremos los siguientes beneficios:

- Toma de decisiones más asertivas
- Mejor análisis de la información que recibimos de nuestro entorno
- Mayor capacidad de ser flexibles en nuestro pensamiento y acción
- Menos estrés
- Menos ansiedad
- Más motivación
- Más amor propio
- Más compasión
- Más felicidad

La neuroplasticidad

La palabra puede sonar compleja, sin embargo su significado es simple y claro. La neuroplasticidad es la capacidad del cerebro para cambiar, en forma real, física. El cerebro puede reorganizarse, crear nuevas conexiones neuronales y debilitar otras en función de lo que piensas, sientes, repites y experimentas.

Durante mucho tiempo se creyó que el cerebro era una

estructura fija, prácticamente inmutable después de cierta edad. Hoy sabemos que no es así, pues el cerebro está en constante transformación, ya que aprende, se adapta, se reconfigura y lo hace todos los días, incluso ahora mismo mientras lees estas palabras.

Cada pensamiento que tienes, cada emoción que atraviesas, cada palabra que repites, deja una huella y las huellas que se repiten se fortalecen. Cuanto más transitas un pensamiento, más claro y real se vuelve en la mente. Por eso, no es lo mismo pensar algo una vez que pensarlo todos los días. La idea clave es que las neuronas que se activan juntas, se conectan entre sí. Esto significa que si repites una idea, una creencia o una forma de hablarte, tu cerebro empieza a convertirla en un patrón, un patrón que se vuelve natural y automático.

Ahora bien, esto funciona en ambas direcciones. Es decir, si una persona repite constantemente pensamientos de duda, crítica o desvalorización, esos circuitos se fortalecen, se vuelven familiares y lo familiar, la mente lo interpreta como seguro, aunque no necesariamente sea saludable. Sin embargo, lo verdaderamente poderoso es que podemos modificar dichos pensamientos, abriendo el camino para una transformación positiva en nuestra mente.

La neuroplasticidad no solo explica cómo se crean los patrones, también explica cómo pueden transformarse. Cuando introduces nuevas palabras, nuevas formas de interpretar, nuevas narrativas internas, estás abriendo rutas distintas, esto sin olvidar que el cerebro necesita repetición y coherencia para consolidar un nuevo camino. Cada vez que eliges una palabra diferente, estás, literalmente, entrenando a tu cerebro.

Aquí puedes hacer una pausa y preguntarte:

¿Qué pensamientos repito con más frecuencia?
¿Qué palabras uso para hablarme cuando algo no sale como esperaba?
¿Estoy reforzando pensamientos que me expanden o que me limitan?

No es controlar cada pensamiento, sino volverte consciente de cuáles alimentas. La neuroplasticidad nos enseña algo profundamente esperanzador y es que no estás condenado a pensar como siempre has pensado. Cambiar la forma en que te hablas no es un acto superficial, es un acto de sabiduría interna.

RELATOS PERSONALES

Lentes ópticos

En mi infancia, durante mis primeros años de educación, debía usar lentes como consecuencia de una operación a la vista para evitar el estrabismo. En esa época, en los años 70, no era común que los niños usaran lentes; eso era algo asociado a personas mayores. Por esta razón, mis lentes llamaban la atención y recibía comentarios tanto en el colegio como en la calle. Escuchar el epíteto "cuatro ojos" se hizo común en mi vida durante un tiempo, hasta que ya no necesité usar los lentes. Si bien no siento que esas palabras hayan tenido un efecto a largo plazo en mí, sí recuerdo haberme sentido tremendamente consciente de mi cara, de mis ojos, de cómo me veía la gente. Hubo un grado de estrés, ansiedad y malestar innecesarios para cualquier niño.

Sé que un gran número de personas ha pasado por algo similar y, aunque en la actualidad existe más consciencia acerca de qué es apropiado decir a otros, lamentablemente los comentarios sobre nuestra apariencia corporal aún abundan e impactan la salud mental y emocional de quienes los reciben. Entonces, está en nosotros ser un ejemplo de amabilidad en el uso de nuestras palabras.

Después de mucho tiempo, ya en mis cuarenta años, volví a usar lentes para leer y escribir. En la actualidad disfruto el proceso de elegir marcos un poco más inusuales, coloridos, y los uso con confianza y un toque de coquetería.

Una palabra que separa

El término *wog* es ofensivo. Es de origen británico y se utiliza para calificar a personas que no son blancas. Fue adoptado en Australia, donde se usaba de manera despectiva para referirse a inmigrantes o extranjeros.

Una persona cercana a mí es australiana, nacida en Melbourne, pero de padres griegos que emigraron a Australia después de la guerra civil en Grecia, ocurrida tras la Segunda Guerra Mundial. Esta persona y sus dos hermanos asistían al colegio local de su barrio en Melbourne, a ese colegio asistían casi mil estudiantes y ellos eran los únicos de raíces griegas.

Mi amigo recuerda numerosas ocasiones en las que fue llamado "wog". No siempre con malicia por parte de los otros niños, sino como una forma de marcar una diferencia entre ellos y él, algo así como: "eres nacido aquí, pero no eres de aquí".

Mi amigo es un hombre bueno y generoso y dice que no siente que esta palabra haya afectado su salud mental, pero sí experimentó una sensación de separación: "eran ellos y yo."

Para un niño, sentir que no pertenece puede ser devastador, y no me cabe duda de que en esos años muchos niños en Australia escucharon esta palabra para definirlos, provocando en ellos un efecto que posiblemente dura hasta hoy.

De hecho, puedo, en la actualidad, observar, varios casos de parejas amigas que tienen historias similares aquí en Australia, es decir, su elección de pareja fue influenciada por sus experiencias en la niñez, por el sentimiento de aceptación de su cultura y por su vida cotidiana en familias inmigrantes, esforzadas y orgullosas de sus orígenes.

Aquí no se trata de juzgar; solo estoy dando a conocer hechos.

Hoy en día, las cosas han cambiado mucho y espero, de todo corazón, que cada vez menos niños de familias inmigrantes escuchen palabras que no los hagan sentir bienvenidos, al contrario, espero que esas palabras sean de aliento, de curiosidad y de admiración por su cultura.

Vuelvo a enfatizar que está en nosotros ser una luz en el uso del lenguaje.

Repetir aquellas palabras que empoderan no solo beneficia a quien las escucha, sino también a quien las dice.

Hemos visto cómo las palabras influyen profundamente en la mente y en nuestras emociones, moldeando percepciones, creencias y experiencias. Pero esta influencia no se detiene ahí.

El lenguaje también deja huellas en el cuerpo, en la forma en que sentimos, reaccionamos y habitamos nuestra propia biología. Te invito a explorar esta conexión en el siguiente capítulo.

CAPÍTULO DOS
EL ECO DE LAS PALABRAS EN EL CUERPO

La comprensión que tenemos se enfoca bastante en el efecto que las palabras tienen en la mente y las emociones; sin embargo, se conoce poco o casi nada acerca del efecto que tienen en el cuerpo. La verdad es que no ponemos atención a la reacción de nuestro cuerpo cuando decimos o escuchamos algo, ya que el habla es natural en nosotros; se podría decir que está incorporada en nuestro subconsciente.

Te invito ahora a hacer un pequeño experimento. Piensa y repite varias veces la frase "soy linda/o por dentro y por fuera". Repítela sintiéndola y observa las reacciones de tu cuerpo. Seguramente sonreíste, tu espalda se enderezó, tu cuello se estiró, sentiste un toquecito en el corazón, tu respiración se volvió más lenta y profunda; en otras palabras, tu cuerpo reaccionó a tu pensamiento. Pues bien, imagina cómo reaccionaría tu cuerpo con una frase negativa.

Una serie de estudios demuestra que el cuerpo percibe el lenguaje de diversas maneras y, aunque el cerebro es parte del cuerpo, me refiero a la reacción de otras secciones de nuestro vehículo físico ante las palabras.

Uno de los primeros estudios de los que tuve conocimiento fue realizado por el reconocido HeartMath Institute, instituto con el que posteriormente estudié, certificándome como HeartMath Coach. Este estudio demostró que hay cambios en el ADN cuando se sienten emociones tanto positivas como negativas. Veintiocho investigadores, especialmente preparados para este experimento, sintieron emociones tanto positivas como negativas. Cuando los investigadores sintieron gratitud, amor y aprecio, el ADN respondió relajándose; es decir, el ADN se alargó. Por el contrario, cuando los investigadores sintieron rabia, miedo, frustración o estrés, el ADN respondió endureciéndose, se acortó.

Ahora bien, las emociones tienen nombre, uno puesto por la humanidad miles de años atrás; las emociones son pensamientos, son palabras. Podemos deducir claramente que, si nuestro ADN se ve afectado por nuestras palabras llevadas a emociones, nuestro cuerpo entero vivencia ese impacto.

De hecho, una de las primeras cosas que podemos observar sobre el efecto de las palabras se refleja en las expresiones faciales. En diversos estudios se observó que la lectura de palabras u oraciones positivas se acompaña de la activación del principal músculo facial utilizado para sonreír, mientras que la lectura de palabras, oraciones o afirmaciones con contenido negativo se acompaña de la activación del principal músculo facial utilizado para fruncir el ceño.

Sigamos con el efecto de las palabras en el ADN. ¿Has escuchado hablar de los telómeros?

Los telómeros son el mecanismo que utilizan las células para proteger los extremos de los cromosomas. Evitan que los extremos de los cromosomas se deshilachen o se enreden. El telómero en sí es un tramo largo de una secuencia corta y específica de ADN que se repite cientos de veces.

La longitud de los telómeros se acorta con la edad. El acortamiento progresivo de los telómeros afecta la salud y la esperanza de vida de un individuo. Los telómeros más cortos se han asociado con una mayor incidencia de enfermedades y una menor supervivencia.

La reconocida científica y premio Nobel Elizabeth Blackburn y la psicóloga de salud Elissa Epel investigaron los pensamientos destructivos que dañan los telómeros. En su libro "The Telomere Effect: A Revolutionary Approach to Living Younger, Healthier and Longer", estas científicas explican que los telómeros determinan la velocidad del envejecimiento celular y el impacto que esto tiene en la vida y la salud. Cuando los telómeros se acortan demasiado, dejan de dividirse y las células envejecen. Sin embargo, también descubrieron que los telómeros se pueden alargar, lo que desacelera el proceso de envejecimiento. Esto último, entre otras cosas, está asociado a nuestros pensamientos. En su libro, estas científicas dan a conocer que hay cinco patrones de pensamiento que dañan los telómeros:

- La hostilidad o rabia intensa por pensar que no se puede confiar en otros.
- El pesimismo ante la vida.
- La rumiación, es decir, revivir mentalmente las preocupaciones una y otra vez.
- El suprimir pensamientos no deseados, sin enfrentarlos, solo acumulándolos.
- La divagación mental, es decir, la falta de concentración y de estar presentes.

Estos cinco factores nos harían más propensos a enfermedades cardiovasculares y metabólicas, a estresarnos, a ser más infelices, en suma, a tener una vida más corta.

Es, pues, literalmente vital vigilar nuestros pensamientos, lo que nos decimos, lo que sentimos a partir de nuestra manera de pensar. De hecho, en el libro "Words Can Change Your Brain", escrito en coautoría por el Dr. Andrew Newberg, neurocientífico de la Universidad Thomas Jefferson, y Mark Robert Waldman, experto en comunicación, se determina que "una sola palabra tiene el poder de influir en la expresión de los genes que regulan el estrés físico y emocional".

Es más, Newberg y Waldman han investigado el efecto de las palabras positivas en el cerebro y dicen: "Al mantener una palabra positiva y optimista en la mente, se estimula la actividad del lóbulo frontal. Esta área incluye centros específicos del lenguaje que se conectan directamente con la corteza motora, responsable de impulsarnos a la acción. Entonces, como ha demostrado nuestra investigación, cuanto más nos concentramos en palabras positivas, más empezamos a afectar otras áreas del cerebro".

En otras palabras, cuando el lóbulo frontoparietal empieza a cambiar, al mismo tiempo nuestra autopercepción y la percepción que tenemos de los otros cambian, permitiéndonos vernos a nosotros mismos, a otras personas y al mundo que nos rodea de manera más positiva.

Las palabras y el corazón

El corazón es considerado un segundo cerebro y, durante diversas épocas, se ha creído que el cerebro envía más señales al corazón que al revés. Sin embargo, hace más de 30 años varios científicos comenzaron a estudiar el rol del corazón en relación con las emociones y los sentimientos.

Las investigaciones más significativas han sido llevadas a cabo por el prestigioso y conocido instituto norteamericano HeartMath Institute. Ya mencioné anteriormente el experimento del ADN; no obstante, sus estudios son numerosos y exhaustivos. HeartMath ha desarrollado una técnica, a través de la respiración y las emociones, para ayudarnos a poner el corazón en coherencia, además de varios sensores para llevar un registro de esta práctica.

Ahora bien, la relación entre el corazón y las palabras es clara para mí. Para probar esto, te invito a realizar otro pequeño experimento: repite la frase "no sirvo para nada, soy un fracaso", dila cinco veces, sintiéndola y, enseguida, pon atención a la reacción de tu corazón. ¿Cómo lo sientes? ¿Qué te pasó al repetir esta dura frase? Es bastante probable que tu corazón se sienta horadado, como si hubiera un hoyo en él. Es el sentimiento de desesperanza el que se ha anclado allí y ha producido una reacción física y energética en ti. No te preocupes, ahora vamos a contrarrestar este resultado negativo. Vas a repetir la frase: "Valgo mucho, un fracaso es solo un aprendizaje en el camino, sigo adelante con fuerza y determinación". Di la frase cinco veces, sintiéndola, y luego monitorea la reacción de tu corazón. ¿Sientes el cambio? Seguramente, tu corazón se expandió, se abrió y la esperanza volvió a ti.

Las emociones son, además, palabras y las reconocemos no solo a través de lo que sentimos, sino también a través de su nombre. Si vamos a una consulta con un terapeuta, seguramente nos va a preguntar por lo que estamos sintiendo. Puede que muchas veces no lo sepamos de inmediato, pero explorando en nosotros mismos seremos capaces de nombrar ese sentir. Lo estoy exponiendo de forma muy simple para ayudar a la comprensión de lo que me interesa que sepas. Las emociones y los sentimientos son elementos complejos en nuestra vida y merecen un debate psicológico, filosófico y espiritual mayor del que yo puedo proporcionar en este libro. Para mí, el corazón reacciona a las palabras en la misma medida que lo hace el cerebro, o quizás más.

Según el Instituto HeartMath, la frecuencia de los latidos de nuestro corazón se altera ante el estrés, la ansiedad, la angustia y las situaciones difíciles o traumáticas. Es decir, los latidos del corazón se vuelven discordantes. Los científicos del Instituto HeartMath descubrieron que, a través de cierto tipo de respiración y de la activación de sentimientos de alta vibración, la frecuencia de los latidos del corazón vuelve a un estado natural de coherencia.

En un estudio realizado entre 2015 y 2017, y publicado en el año 2023 por la American Psychological Association, se abordó el tema de cómo las palabras consideradas negativas afectan los latidos del corazón en conversaciones matrimoniales o de pareja. Los investigadores registraron un aumento en la reactividad cardiovascular de las parejas, lo que implica que el uso del lenguaje en relaciones personales cercanas puede tener efectos en la salud del corazón.

Otros estudios llevados a cabo por el Instituto HeartMath muestran que el campo electromagnético del corazón puede ser detectado por otras personas y producir efectos medibles en alguien ubicado a 1,5 metros de distancia. Es más, los datos evidencian que el campo electromagnético del corazón se regula mejor durante estados emocionales positivos.

Entonces, la coherencia del corazón genera un campo de, podríamos decir, *radiación*, que tiene influencia en tu cuerpo, en tu salud mental, en las personas que están a tu alrededor y, desde ahí, se extiende a todo el entorno planetario.

En relación con el lenguaje y las palabras, hablar desde el corazón se vuelve vital a la hora de practicar la coherencia cardíaca. Esta expresión se está usando cada vez más; al parecer, la evolución humana a nivel espiritual ha provocado una apertura mental y emocional de aceptación de realidades empíricas que hasta hace algunos años era impensada. Sin embargo, el hecho de hablar desde el corazón ha sido siempre parte de los seres humanos. El corazón entra en juego cuando decimos palabras de amor sentidas profundamente, cuando expresamos admiración, compasión o gratitud. También cuando damos rienda suelta, en palabras, a aquello que nos atormenta, nos entristece e incluso nos enoja. Tu corazón siente el efecto de todas las palabras que te dices y dices a otros, de todos tus pensamientos, de todas tus ideas.

¿Qué es, entonces, hablar desde el corazón? Es, primeramente, tomar consciencia de tu corazón, de sus latidos; es respirar profundo sintiendo su ritmo para conectarte con él; es mirar a los ojos a tu interlocutor; es sentir que las palabras que dirás vienen desde tu interior; es hablar de manera tranquila, segura y amorosa; es expresar tu punto de vista sin herir a otros ni herirte a ti mismo; es saber internamente que tu mente y tu corazón funcionan coordinadamente; es reconocer que el resultado de tus conversaciones es el que tiene que ser, el perfecto para ti, para el otro y para la situación en sí. En otras palabras, hablar desde el corazón es dejar que la verdad interior se exprese con calma, coherencia y compasión.

La esperanza

Una palabra que está íntimamente ligada con el corazón es esperanza. Hablemos de ella. Esta palabra proviene del latín *sperare*, que significa esperar, expandirse. Este verbo en latín se relaciona con la noción de confiar en que algo bueno vendrá, con una expectativa positiva de cambio, de inicio de una nueva etapa o de lo nuevo. La esperanza es el deseo de que lo imposible se vuelva posible, de que la oscuridad se convierta en luz. En realidad, la esperanza no es solo desear que algo suceda, sino que hace alusión a la fe, a la paciencia y, por supuesto, a un corazón abierto a todas las posibilidades de cambio.

En muchas tradiciones espirituales, la esperanza está asociada al corazón, que es donde habita la confianza, la intuición y la certeza interna. Desde esta mirada, la esperanza es una frecuencia del alma, una energía sutil que nos sostiene en momentos de incertidumbre, dolor o transformación. Esperanza es la voz del corazón que, aun en la oscuridad de la noche, sigue confiando en la salida del sol por la mañana. Todo es transitorio y siempre hay luz al final del túnel. El corazón reacciona a esta palabra, pues al decirla con sentimiento, activa en nosotros la posibilidad de un mejor futuro.

Mi llamado, en este sentido, es a que, en aquellos momentos de incertidumbre, sufrimiento u oscuridad, te pongas la mano en el corazón y repitas, las veces que se requiera, la palabra esperanza, sintiéndola, abriéndote a su significado, activando su vibración y frecuencia. La bienamada Esperanza acudirá entonces a tu llamado y será el primer paso hacia el cambio de circunstancias.

“Esperanza es la fe del corazón de que algo bueno está en camino.” ~ Cita de la autora.

Para facilitar la conexión con tu corazón, te invito a hacer el ejercicio conocido como Quick Coherence o Coherencia Rápida, creado por el Instituto HeartMath.

Ejercicio de Coherencia Rápida de HeartMath®

- Lleva tu atención al centro de tu pecho e imagina que tu respiración fluye a través de tu corazón.
- Respira lentamente, inhalando durante 5 segundos y exhalando durante 5 segundos.
- Mientras mantienes este ritmo, trae a tu memoria una emoción positiva y regeneradora, como aprecio, gratitud o cariño.

Realiza este ejercicio de 1 a 3 minutos. Si puedes, hazlo por más tiempo.

Las palabras y la respiración

La palabra respiración proviene del latín *respiratio*, que significa “acto de respirar”. A su vez, deriva del verbo *respirare*, formado por *re*, “de nuevo”, y *spirare*, “respirar” o “soplar”. Curiosamente, de esta misma raíz latina surge también la palabra *spiritus*, que originalmente significaba “aliento”, “soplo de vida” y más tarde dio origen a la palabra espíritu.

Desde tiempos antiguos, entonces, la respiración ha estado vinculada no solo a la vida física, sino también a la conciencia, la energía vital y la expresión interior.

Cuando hablamos, el aire que respiramos atraviesa nuestro cuerpo, asciende desde los pulmones, pasa por la laringe, vibra en las cuerdas vocales y finalmente sale por la boca convertido en sonido y palabra. Hablar es, en esencia, respirar con intención, la voz es respiración transformada en lenguaje.

Ya he hablado anteriormente sobre la importancia de la entonación, pero aquí quiero ir un poco más allá y llamar tu atención sobre algo que normalmente pasa desapercibido: las palabras también se respiran. Para pronunciarlas existe un proceso íntimamente ligado a la respiración. No podemos hablar sin aire y tampoco podemos sostener emocionalmente ciertas palabras sin que nuestra respiración cambie junto con ellas.

La ciencia moderna ha comenzado a estudiar profundamente esta relación entre respiración, lenguaje y cerebro. Investigaciones recientes muestran que la producción del habla requiere una coordinación extremadamente compleja entre los sistemas respiratorio, neurológico y lingüístico. Los estudios indican que la inhalación y la exhalación no ocurren al azar mientras hablamos, sino que se sincronizan con la planificación del lenguaje y con la estructura de las frases.

Asimismo, investigaciones en neurofisiología han demostrado que antes de pronunciar palabras el cerebro prepara de manera específica la respiración que acompañará el habla. Es decir, existe una preparación cortical previa para coordinar el aire, la intención y el sonido que emitiremos.

La ciencia también ha confirmado algo fascinante: el habla ocurre principalmente durante la exhalación. El aire expulsado desde los pulmones es moldeado por la garganta, la lengua, los labios y la cavidad bucal para producir sonidos, palabras y lenguaje. Quizás por eso ciertas palabras nos dejan sin aliento, otras nos hacen respirar profundo y algunas parecen devolvernos la vida. Las palabras no solo expresan estados internos, también modifican nuestra respiración y, con ello, nuestro estado fisiológico y emocional.

Cuando hablamos desde el miedo, la rabia o la ansiedad, nuestra respiración cambia. Se vuelve corta, rápida o tensa. Cuando hablamos desde la calma, el amor o la gratitud, el cuerpo también responde de manera distinta. Respiramos más profundo, más lento, más conscientemente.

Respirar y hablar son procesos inseparables, ya que cada palabra que pronunciamos viaja montada sobre el aliento. Quizás por eso, desde tiempos antiguos, tantas tradiciones espirituales han asociado el aliento con la vida, el espíritu y la conciencia, porque en cierto sentido, cada vez que hablamos, también estamos respirando lo que somos.

Las palabras y los gestos

Me he referido anteriormente a las expresiones faciales, sin embargo, cuando hablamos, especialmente en nuestra cultura hispana, no utilizamos solamente la voz, ni la boca. Hablamos también con las manos, con todo el rostro, con la mirada y con el cuerpo entero. Las palabras suelen ir acompañadas de gestos que revelan nuestras emociones, nuestra intención y muchas veces incluso aquello que intentamos ocultar. La ciencia ha estudiado ampliamente esta relación entre lenguaje y expresión corporal.

El reconocido psicólogo Albert Mehrabian, pionero en el estudio de la comunicación no verbal, propuso que gran parte del impacto emocional de un mensaje depende no solo de las palabras, sino también del tono de voz y de la expresión corporal.

Por otra parte, investigaciones del psicólogo Paul Ekman demostraron que ciertas expresiones faciales son universales y están profundamente conectadas con nuestras emociones internas. Sus estudios sobre microexpresiones revelan que el rostro puede expresar emociones auténticas incluso antes de que logremos controlarlas conscientemente.

Asimismo, distintos estudios en neurociencia y psicología social han mostrado que los gestos ayudan al cerebro a organizar el pensamiento y facilitan la comunicación emocional. De hecho, cuando hablamos solemos mover las manos de manera espontánea, porque el cuerpo participa activamente en el proceso de expresar ideas y emociones.

Dentro del Método Cyclopea encontramos también un curso de profundización llamado *El Ser Musical y la Sabiduría del Gesto*, que pone énfasis en este aspecto fundamental de nuestra comunicación interior y exterior. Muchas veces, un gesto tiene la capacidad de completar una frase dicha con palabras o incluso de terminar una conversación.

De hecho, el lenguaje de señas es una maravillosa herramienta de comunicación para aquellas personas que no pueden oír y que, tal vez, todos deberíamos aprender. Los gestos, las manos, las expresiones del rostro y el movimiento del cuerpo poseen una enorme capacidad de transmitir emociones, pensamientos e intención. El cuerpo, en este sentido, también habla.

Quizás por eso podemos percibir cuando alguien nos habla con amor, aunque sus palabras sean simples. También podemos sentir tensión, miedo o tristeza aun cuando intenten ocultarse detrás de un discurso aparentemente tranquilo. El cuerpo habla junto con las palabras y muchas veces expresa aquello que la mente intenta callar.

Tomar conciencia de esto puede transformar profundamente nuestras relaciones. Porque hablar conscientemente no consiste solo en elegir mejores palabras, sino también en aprender a habitar el cuerpo, la voz y la emoción desde un lugar más auténtico y coherente.

Las palabras y el estómago

Aunque aún no existen estudios que conecten directamente las palabras que pronunciamos con la salud específica del estómago, sí sabemos que nuestras emociones y pensamientos influyen profundamente en él. El estómago está conectado con nuestro cerebro a través de un canal que llamamos eje cerebro intestino. Este vínculo permite que el estrés, las emociones negativas y, por extensión, el lenguaje interno que usamos puedan afectar la función digestiva y provocar malestares físicos.

Investigaciones recientes muestran que quienes viven con más emociones negativas presentan cambios en la microbiota intestinal, esas comunidades invisibles de microorganismos que cuidan nuestra salud.

Así, las palabras que elegimos para hablarnos y para expresar nuestras emociones, aunque parezcan solo "ideas" o "sentimientos", en realidad dejan una huella tangible en nuestro cuerpo. Por eso, cultivar un diálogo interno amable y positivo no solo fortalece nuestra mente, sino también nuestro bienestar físico, incluido nuestro estómago.

Cuando escuchamos palabras hirientes o críticas, muchas veces experimentamos una sensación de nudo en el estómago, como si algo se apretara o doliera en esa zona. Puede aparecer esa sensación incómoda de malestar, acidez o incluso náuseas, que no es solo emocional, sino una respuesta física real. Nuestro cuerpo reacciona ante el impacto del lenguaje negativo como si fuera una amenaza, activando estrés y tensión en el sistema digestivo.

En cambio, cuando recibimos palabras amables, comprensivas o alentadoras, podemos notar una sensación de alivio, ligereza y calma en el estómago. Es como si se abriera un espacio interno de paz y esa tranquilidad se reflejara en una mejor digestión y bienestar general. Este contraste muestra cómo el poder de las palabras va mucho más allá de lo mental: resuena dentro de nuestro cuerpo y, especialmente, en esa zona tan sensible que es el estómago.

Las palabras y el deporte

En diversas ocasiones, he escuchado acerca de la influencia que ciertos términos tienen en el deporte. Los entrenadores de varias disciplinas deportivas usan un lenguaje que puede resultar tanto beneficioso como perjudicial. De hecho, gracias a la psicología deportiva, se ha podido comprobar que los deportistas de alto rendimiento recurren cada vez más a técnicas de autoayuda y empoderamiento. Una de esas técnicas es decirse palabras de aliento y repetirlas antes de un juego o partido.

En un estudio del año 2020, se analizó el efecto de las palabras de aliento de parte de profesores de deporte hacia sus estudiantes adolescentes durante el curso de algunos partidos cortos de fútbol. Los resultados fueron decisivos, pues se comprobó que los partidos en los que los profesores alentaban a sus jugadores fueron más disfrutados por ellos, tuvieron mayor intensidad física y el estado de ánimo de los jugadores fue significativamente más positivo.

En otra investigación reciente, del año 2024, se concluyó que la estimulación verbal positiva contribuye a mejorar la fuerza y la resistencia en los entrenamientos deportivos.

Finalmente, en un artículo publicado en 2017 por Oxford University Press se menciona que el diálogo interno motivador aumenta y mejora el rendimiento deportivo.

Con base en estos estudios, no es difícil concluir que los entrenadores, coaches y profesores de deporte deberían prepararse y capacitarse en esta área de la psicología deportiva. De hecho, estoy segura de que sería un gran aporte para su carrera profesional y una mejoría en la salud mental de los deportistas a su cargo.

Las palabras de los médicos

Las investigaciones acerca del lenguaje usado en consultas

médicas, hospitales y clínicas de salud son sumamente contundentes al demostrar cómo las palabras que los profesionales de la salud usan con sus pacientes pueden estimular, o no, una pronta mejoría.

En este sentido, creo que todos nosotros hemos tenido experiencias similares con diferentes profesionales de la salud. Hemos escuchado un lenguaje duro, que no nos da mucha esperanza o, al contrario, hemos recibido palabras de aliento.

En un estudio del año 2019, se descubrió que el lenguaje usado antes y durante operaciones médicas consideradas dolorosas puede afectar la percepción de dolor del paciente. A saber, las palabras relacionadas con el dolor y las negativas empeoran la intensidad del dolor en comparación con el lenguaje neutro. En dicha investigación, las palabras relacionadas con el dolor crearon una respuesta más fuerte en muchas áreas del cerebro, incluidas la corteza cingulada anterior y la corteza prefrontal dorsolateral. "Las palabras relacionadas con el dolor y negativas aumentaron significativamente la intensidad del dolor de los estímulos dolorosos en comparación con las palabras neutrales en respuesta a estímulos dolorosos físicamente idénticos", afirmaron los investigadores.

Como ejemplo de lo anterior, mencionaré aquí otro estudio que reveló que el contexto de las palabras es importante. Las personas, de forma natural, incorporan la percepción de ciertas palabras a situaciones nuevas que son neutrales. Los investigadores, en este caso, hablan de "prosodia semántica", ya que en la investigación un resultado médico incierto se percibió como negativo con mayor frecuencia cuando fue "causado" que cuando fue "producido". Los investigadores concluyeron que la palabra "causado" se asocia con algo negativo, mientras que "producido" es neutral.

El resultado de esta investigación es muy interesante para mí, pues me llevó a preguntarme acerca de la palabra causar en el sentido de salud e inmediatamente la asocié a culpabilidad, como si el doctor me hubiera dicho que algo que hice causó una situación médica particular. En cambio, la palabra producir es efectivamente neutra para mí, algo así como si el doctor me informara que la situación se produjo por determinada razón, ya que siento ese "se produjo" como más lejano y más fácil de solucionar.

Es, entonces, casi una necesidad que la profesión médica incluya en su preparación una manera humana y amorosa de relacionarse con sus futuros pacientes y que aquellos que ya son médicos tomen consciencia del lenguaje que usan con ellos.

Por otro lado, también es nuestra prerrogativa, como pacientes, ser conscientes de que las palabras que escuchamos no están escritas en piedra y que toda circunstancia puede ser modificada.

Para ahondar un poco más en el tema del lenguaje de los profesionales de la salud y del diálogo interno, le he hecho algunas preguntas al conocido doctor Alejandro Cuevas Arriagada. Alejandro es médico cirujano y psiquiatra, titulado en la Universidad Católica de Chile y en la Universidad de Chile. Posee amplia experiencia y es constantemente invitado a entregar su opinión profesional en la prensa, la televisión y la radio.

¿Consideras que las palabras pueden influir en la salud mental de tus pacientes?

Sí. Definitivamente. Las palabras no son neutras para el cerebro humano. El lenguaje tiene la capacidad de modular y/o modificar emociones, expectativas, percepción de la realidad e incluso respuestas fisiológicas. Desde las neurociencias sabemos que determinadas formas de interpretar y nombrar la experiencia activan circuitos emocionales distintos, influyendo sobre el estrés, la regulación emocional y la conducta.

Muchas veces una persona no solo sufre por lo que vive, sino también por cómo se lo dice a sí misma. El lenguaje puede rigidizar el sufrimiento o abrir posibilidades de transformación. Por eso, en psiquiatría y psicoterapia, las palabras pueden convertirse en una herramienta terapéutica de enorme profundidad.

¿Crees que los profesionales de la salud deberían prestar especial atención al lenguaje que usan con sus pacientes?

El lenguaje clínico tiene un enorme impacto emocional y biológico. Una palabra puede contener, aliviar y generar esperanza, o puede aumentar el miedo, la angustia y la sensación de indefensión.

El paciente no solo escucha información médica, que la mayoría de las veces no comprende. También percibe el tono emocional, la intención y el significado implícito detrás de lo que se le comunica. Por eso, la forma de decir las cosas es tan importante, o a mi parecer más importante, que el contenido mismo.

Cuidar el lenguaje no significa ocultar la realidad, sino transmitirla con humanidad, claridad y conciencia del efecto que nuestras palabras producen sobre el sistema nervioso de quien está atravesando una etapa difícil o una enfermedad.

¿Has acompañado algún proceso terapéutico en el que un cambio en el diálogo interno haya contribuido visiblemente a la mejoría del paciente?

Sí, muchas veces. En la práctica clínica es muy frecuente observar que, cuando una persona modifica la forma en que interpreta y se habla a sí misma, comienza también a cambiar su estado emocional, su conducta e incluso su fisiología.

He visto pacientes que vivían definiéndose desde la culpa, el fracaso o el miedo y que, al desarrollar una narrativa interna más consciente y menos autodestructiva, lograron disminuir síntomas ansiosos, depresivos y conductas evitativas.

El diálogo interno no es solo pensamiento abstracto. Tiene correlatos neurobiológicos reales al influir sobre la atención, la memoria emocional, la activación autonómica y la regulación del estrés. Cuando cambia la narrativa interna, muchas veces cambia también la manera en que el cerebro organiza la experiencia.

Pero, más allá de lo que refiero, muchas veces resulta fundamental darse el tiempo de definir ciertos términos básicos de la especialidad, como “ánimo”, “ansiedad”, “angustia”, “emoción” o “sentimiento”, para así hablar en los mismos términos y lograr que el diálogo sea más cercano y verdaderamente constructivo.

¿Qué tipo de diálogo interno recomendarías cultivar en la vida cotidiana?

Recomendaría un diálogo interno honesto, responsable, más consciente y, quizás, más compasivo.

No es repetir frases positivas vacías, es aprender a relacionarnos con nosotros mismos desde una posición menos castigadora y más constructiva.

El cerebro aprende de la repetición. Si una persona vive permanentemente diciéndose "no puedo", "todo saldrá mal", "no valgo", "no sirvo para nada", "nadie me quiere", etcétera, termina reforzando redes neuronales asociadas al miedo, la inseguridad y la desesperanza. Por el contrario, cultivar un diálogo interno más equilibrado favorece una mayor regulación emocional y capacidad adaptativa.

A veces, pequeños cambios hacen una gran diferencia. No es lo mismo decir "estoy destruido" o "estoy destrozado" que "estoy atravesando un momento difícil". El lenguaje puede transformar una identidad fija en una experiencia transitoria.

¿Qué palabras o expresiones te han servido a ti, como médico, en tu relación cotidiana con tus pacientes?

Las personas necesitan sentirse escuchadas antes que interpretadas. Por eso, frases simples, pero auténticas suelen tener un gran impacto humano y terapéutico.

Expresiones como:

- "Lo que estás sintiendo tiene sentido."
- "No estás solo en esto."
- "Vamos paso a paso."

- "Tu diagnóstico no define quién eres."
- "Esto que hoy parece permanente puede cambiar."
- "A veces el cerebro aprende miedo, pero también puede aprender calma."
- "El sufrimiento no es debilidad."
- "Hay más posibilidades de las que hoy alcanzas a ver."

Muchas veces no recordamos exactamente todo lo que alguien nos dijo, pero sí cómo nos hizo sentir y en medicina, eso también forma parte del proceso de sanar.

Pero, lo más importante, a mi entender, y algo que mis pacientes reconocen en mí, es no calificarlos, ni para bien ni para mal, y eso alivia más de lo que uno percibe o imagina.

RELATOS PERSONALES

El peso de una palabra

Hace algunos años, un miembro de mi familia cercana se enfermó. A temprana edad tuvo lo que se conoce como un desorden alimenticio. Debido a diversas circunstancias y para recibir un tratamiento adecuado, debimos viajar a Estocolmo, Suecia, a una clínica especializada, Mandometer, asociada al famoso Karolinska Institute.

En la clínica conocí a diferentes personas que tenían a sus seres queridos en tratamiento. Una de esas personas era una madre que ayudaba a los familiares de los pacientes a resolver dudas y a prepararse para el camino de recuperación y apoyo a sus seres queridos. La conversación que tuvimos fue de mucha ayuda para mí, me dio esperanza y la confianza de que estaba en el lugar correcto para mi familiar.

La conversación fluyó de forma tranquila y más personal, pues esta amable señora me contó que su hija había sido paciente de la clínica, que ya estaba completamente sana y que su labor de apoyo a los familiares de las personas en tratamiento era su forma de agradecimiento y de ayudar a otros que estuvieran pasando por la situación de ver a sus seres queridos luchando por recuperarse. Pensé que era una manera loable de devolverle la mano a la vida. Sin embargo, una de las cosas que más me llamó la atención fue que me contó que su hija había sido una deportista de alto rendimiento, que había representado a Suecia en competencias y que el desorden alimenticio se había manifestado en ella cuando su entrenador le dijo que debía bajar algunos kilos de peso, que tenía un peso elevado y que, si quería mejorar, debía ponerse a dieta.

Aquí entra en juego el poder de las palabras. Seguramente, no es que el entrenador no tuviera razón, sino que, más bien, el uso de ciertas palabras, acompañadas de cierta entonación y, sobre todo, dichas con cierto tipo de sentimientos, no fue el más adecuado. La responsabilidad de lo que decimos a las personas que están a nuestro cargo, de una u otra manera, es alta, pero tristemente no somos conscientes de ello. No se trata aquí de juzgar, de hecho, no es que el entrenador fuera una mala persona, es que simplemente no evaluó el peso de sus palabras ni las acompañó con un plan de acción. Lo que sucedió es que la chica, lisa y llanamente, dejó de comer. Sin embargo, si el entrenador hubiera expresado su preocupación acerca del peso de otra manera y la hubiera acompañado con un plan de alimentación para obtener el efecto deseado, probablemente el resultado habría sido otro.

Obviamente, todas las historias tienen dos caras. Entonces, lo que quiero dar a entender aquí es que somos responsables de lo que decimos, pero también de cómo recibimos lo que escuchamos cuando somos adultos. No así en el caso de los niños, quienes se están desarrollando y necesitan de nuestra guía y ejemplo.

Afortunadamente, hoy en día hay más consciencia acerca del papel de los entrenadores en el deporte y espero que estén más preparados en el uso del lenguaje y en su manera de apoyar a los deportistas.

Tratamiento paliativo

En mayo del año 2018, dicté por primera vez mi curso sobre el poder de las palabras, 21 Words©, en idioma inglés, en Sydney, Australia. Dicho curso llamó mucho la atención, pues en esa época no era común hablar de este tema, aunque ya comenzaba a conocerse más información al respecto.

Durante el curso, los participantes buscaban palabras que los identificaran y los ayudaran a elevar su confianza y autoestima, mientras yo conversaba con algunos de ellos. Varios de los participantes tenían razones importantes para estar ahí. Sin embargo, la conversación que tuve con una de mis estudiantes fue fundamental para cimentar en mí que el poder de las palabras es real, fuerte y con la posibilidad de afectarnos de diversas maneras.

Esta amable señora tenía un cáncer avanzado y mi curso le había llamado la atención, pues había vivenciado en sí misma el efecto que las palabras de los médicos tenían en ella y deseaba cambiarlas, decirse a sí misma otras palabras para enfrentar la enfermedad. Los médicos le habían recetado varios medicamentos, pero al hacerlo le dijeron que su tratamiento era solo paliativo, es decir, no buscaba curar, sino aliviar. El término paliativo influyó profundamente en ella, pues sintió que le quitaba esperanza y se entristeció mucho. Durante el curso, ella buscó palabras que le devolvieran un poco de alegría y optimismo a su vida diaria, independientemente de lo que sucediera más adelante. Tiempo después, supe que había partido de este mundo. Espero que lo haya hecho pasando sus últimos días en tranquilidad, escuchando palabras de amor de sus seres queridos.

21 Words© se convirtió posteriormente en un curso regular, acompañado del libro Positive Habits, 21 Words That Transform Your Life Daily, que dicté por varios años en idioma inglés. El libro está también disponible en español.

Hemos recorrido juntos el impacto de las palabras en la mente, en las emociones y en el cuerpo. Sin embargo, las palabras también tocan una dimensión más profunda, más silenciosa y, muchas veces, menos reconocida: nuestro mundo interior más esencial. Aquello que algunos llaman alma y que yo reconozco como el ser-energía que somos, ese espacio íntimo donde habitan el sentido, la conexión, la identidad más auténtica.

Te invito a adentrarte en esta dimensión más sutil, a observar, a sentir y a descubrir cómo las palabras también pueden influir en ese ser interior que vive en ti. En el siguiente capítulo, exploraremos juntos este aspecto profundo y transformador.

CAPÍTULO TRES
LA RESONANCIA DE LAS PALABRAS EN EL ALMA

Las palabras no solo tienen una influencia en nuestra mente y nuestro cuerpo, sino también en nuestra alma, ese ser interior que es energía pura y que siente el peso o la liviandad de la vida en el corazón etéreo y físico en igual medida. Ya sabemos que las palabras pueden dañar o sanar y este aspecto del lenguaje tiene, definitivamente, un efecto poderoso en nuestra alma. En este capítulo, entonces, voy a hablar del efecto de las palabras en el alma desde la experiencia vivida y desde el sentimiento de inspiración que me impulsa a llamar tu atención hacia esto.

Recordemos, primero, que desde tiempos antiguos, distintas tradiciones espirituales han comprendido algo y es que las palabras no son solamente sonidos destinados a la comunicación humana. Las palabras poseen vibración, intención y la capacidad de influir profundamente en nuestra conciencia.

En la tradición hindú existe el concepto de Nada Brahma, que puede traducirse como "el universo es sonido" o "todo es vibración". Desde esta mirada, el universo surge de una frecuencia primordial y las palabras son consideradas estructuras sonoras capaces de modificar estados internos y expandir la conciencia. En los textos védicos aparece también el concepto de Vak, la palabra sagrada o divina, entendida como el puente entre lo invisible y lo manifestado.

Por otro lado, las tradiciones tántricas sostienen que cada sonido posee una frecuencia capaz de despertar determinados estados internos, mientras que en el budismo tibetano las palabras son utilizadas para aquietar la mente y transformar patrones internos a través de la repetición, la vibración y la respiración.

Algo similar aparece en la tradición cristiana mediante la idea del Verbo divino: "En el principio era el Verbo...". La palabra aparece aquí como principio creador, como conciencia manifestándose a través del lenguaje.

Resulta profundamente interesante, para mí, observar cómo distintas culturas coinciden en algo esencial: antes de la forma existe vibración, antes de la materia existe energía. La palabra es, desde este punto de vista, un resultado en este campo físico que habitamos, mientras que el lenguaje de la conciencia parece expresarse también a través de vibración, color, energía, intención e incluso silencio. Las tradiciones espirituales han otorgado siempre un lugar sagrado a la palabra, lugar que se ve reflejado en sonidos como OM, en mantras y cantos.

Sigamos ahora con las investigaciones científicas. Quiero hablarte de un estudio del año 2014, realizado por diversos investigadores de varias universidades y publicado por Cornell University. Se evaluaron cien mil palabras en diez lenguajes, representando una variada gama de culturas y orígenes. Dicho estudio encontró una tendencia en el lenguaje humano hacia la positividad. Es decir, nuestro estado natural al hablar es comunicarnos de manera optimista, sociable y hasta cariñosa.

Piensa un poco en tus interacciones diarias. Por ejemplo, cuando sales de compras y hablas con el vendedor a cargo, generalmente lo saludas, preguntas por lo que quieres y ambas partes mantienen una actitud cordial. No llegas ahí gritando ni de mal humor, aunque, obviamente, siempre hay excepciones que dependerán del autocontrol emocional que tengamos. Yo misma me declaro culpable de haber tenido mal genio en el pasado y de haber tratado injustamente a más de alguien. Afortunadamente, aprendí de mi error y, desde hace ya muchos años, mi trato con las personas es amistoso y positivo. Durante tu día tienes interacciones con otros en las que saludas, conversas, te ríes, bromeas, abrazas, besas, bailas, cantas. Es decir, te expresas desde tu alma, tu corazón, y ni siquiera te das cuenta de ello. Actúas desde esa tendencia positiva inherente al ser humano.

Mi querida maestra, Fresia Castro, creadora del Método Cyclopea de Activación Interna de la Glándula Pineal, dice que somos intrínsecamente amor. Por supuesto, es difícil ver la veracidad de esto debido a lo que percibimos que ocurre en el mundo. Responsables de esto son las noticias que nos bombardean con lo más negativo que pasa en cada país. Sin embargo, te invito a ver el mundo desde una perspectiva diferente. Piensa en los billones de personas que viven en la Tierra y cuyas vidas se desarrollan tal como la tuya, con altos y bajos, claramente, pero en armonía con otros y con su ambiente. Allí donde vayamos, vamos a encontrar colaboración, solidaridad, amistad y, generalmente, una actitud amable y pacífica en las personas.

Nosotros creemos que el amor es solo aquel de pareja, de familia y de amigos. No obstante, el amor es un fluido, una energía electrónica que nos une a todos y a todo. Es un estar en el mundo con esperanza, cordialidad y unión.

En este sentido, el estudio antes mencionado se comprende desde una dimensión que nos cohesiona en ese amor invisible por las personas, por la vida.

Veamos, entonces, algunos conceptos asociados al poder de las palabras.

La Amistad

Los estudios más recientes demuestran que el ser humano florece en buena compañía, es decir, su ambiente social lo influye. De hecho, las amistades son clave en el desarrollo de una vida satisfactoria y, aunque no lo creas, longeva. Pues bien, las palabras que nos acompañan en nuestras relaciones personales tienen una influencia importante no solo en nuestra mente y cuerpo, sino también en nuestra alma. En este sentido, las palabras pueden ser un bálsamo o una daga que se clava en el corazón. Aquellas que se originan desde la compasión y la comprensión tienen la capacidad de penetrar internamente y aliviarnos, de darnos esperanza cuando todo se siente caótico.

La palabra amistad, según el Diccionario de la Lengua de la Real Academia Española, significa "afecto personal, puro y desinteresado, compartido con otra persona, que nace y se fortalece con el trato". Es más, esta palabra deriva del latín "*amicitas*" y se compone de los léxicos "*amare*", que es amar, y los sufijos "*icus*", que significa relativo a, y "*dad*", que indica cualidad. Una hermosa palabra.

Entonces, amistad es la cualidad de amar, es una relación de cariño y afecto entre dos personas o entre varias personas.

La amistad es uno de los vínculos que más valoramos en la vida y, muchas veces, el no contar con amigos nos afecta emocional y mentalmente. Una excelente manera de cultivar amistades es basarnos en el respeto mutuo, en la confianza y en la lealtad bien entendida y practicada. La amistad no es solo pasar buenos momentos, es también ser capaces de acompañar a nuestras amistades en aquellos momentos no tan buenos. Es ser capaz de escuchar, dar palabras de aliento, entregar amor, de tal manera de influir positivamente en su ánimo, de contribuir para que eleven su vibración y sean capaces de encontrar resiliencia y fuerza dentro de sí para salir adelante. Las palabras que decimos a nuestros amigos tienen ese impacto invisible en lo más profundo de nosotros, especialmente en esos momentos difíciles.

La Música, el Canto y la Danza

La música es un lenguaje que llega a todos, es universal. Entra sin pedir permiso y llega directo al corazón, la mente y el cuerpo. La música ha estado siempre presente en nuestra historia, pues, si lo pensamos bien, es tan antigua como el universo mismo, ya que este tiene su propia música, melodía y ritmo.

La palabra música viene del griego *mousiké*, que significa "el arte de las musas". Las musas eran las diosas griegas del arte y la ciencia. El origen de esta palabra, en mi opinión, sugiere inspiración y belleza. Es una palabra atesorada por los seres humanos en general. De hecho, ciertas melodías se comprenden con el alma, más allá de la mente. Nos traen notas de alegría o, según sea el caso, de tristeza. Los sonidos musicales nos llenan, vibran en nosotros, independiente de si nos elevan o no. En este sentido, tenemos el poder de elegir qué música escucharemos y mi sugerencia es que elijas aquella que le hable a tu ser interior de una forma elevada y que te dé paz, alegría y motivación. No estoy hablando aquí de escuchar solo música clásica. No. Más bien, te estoy invitando a ser consciente de lo que escuchas.

En los últimos años se ha estudiado bastante el efecto que la música tiene en nuestro estado mental y físico. De hecho, se habla cada vez con mayor fuerza de la "música de alta frecuencia". Dicha música se entiende como aquella creada especialmente para generar estados de bienestar en las personas. Entonces, se mencionan melodías en 432 hertz o 528 hertz, por ejemplo, y lo beneficioso que es escucharlas. Con fuerza se posiciona en el mundo lo que se conoce como musicoterapia.

Según la Real Academia Española de la Lengua, musicoterapia es el empleo de la música con fines terapéuticos, por lo general psicológicos. Sin embargo, a lo largo del tiempo y de numerosas investigaciones se ha podido comprobar que sus efectos van más allá de la mente. Entonces, las palabras también tienen preponderancia al aliarse con la música.

Una de las áreas que ha sido estudiada y que se relaciona con el uso de las palabras es la música cantada, es decir, no solo la melodía y el ritmo, sino también las letras que acompañan a la música. Veamos.

La palabra cantar viene del latín *cantare* y se refiere a producir sonidos melodiosos con la voz, formando palabras o solo sonidos. Existe una variedad de cantos, incluidos aquellos de la naturaleza. Sin embargo, nos referiremos aquí a aquel que nosotros emitimos con nuestra voz.

Un reciente estudio publicado en octubre de 2024 por el Personality and Social Psychology Bulletin muestra que asistir a eventos de música en vivo mejora nuestro bienestar a través de un fenómeno psicológico conocido como efervescencia colectiva. Es decir, se produce un sentido de unidad al compartir la experiencia con otros, lo que lleva a las personas a sentirse más felices, incluso hasta una semana después del evento. Los investigadores analizaron diferentes variables de las experiencias de los asistentes, entre ellas, el conocer las letras de las canciones y cantarlas a todo pulmón. Las personas reportaron sentirse maravilladas, felices, en sincronía y en fluidez.

Pues bien, muchos de nosotros hemos tenido la experiencia de asistir a conciertos de nuestros artistas favoritos y podemos dar fe de cómo nos sentimos durante y después de dichos eventos. Además, si asistimos con amigos o familia, compartimos sentimientos alegres, de camaradería y de satisfacción que nos unen y nos unirán en el tiempo cuando recordemos ese recital o concierto.

En mi opinión, las palabras unidas al canto hacen que nuestra voz se convierta en un puente al alma. El canto es una fusión poderosa, una vibración que nace de nuestro interior y trasciende la mente.

En un estudio realizado en 2021, se analizó a 464 personas en 33 países que practican regularmente lo que se conoce como *chanting*.

Aunque no existe una traducción directa al español, el *chanting* es una forma de vocalización rítmica y repetitiva que se practica en diversos lugares del mundo, ligada a rituales espirituales y religiosos. Pues bien, este estudio encontró que un 60% de los participantes vivenciaba sensaciones de paz, trascendencia y conexión espiritual.

Por su parte, un estudio australiano observó que solo 12 minutos de canto en grupo, vocalizando y también en silencio, es decir, *chanting* mental, pueden reducir el cortisol y la ansiedad de forma significativa, además de fortalecer el sentido de conexión social.

El canto, especialmente la repetición ritual en mantras o sonidos considerados sagrados como OM, AUM o IAM, estimula una respiración más pausada y el sistema parasimpático. También aumenta la coherencia cardíaca. Además, se ha observado que eleva la actividad de las ondas alfa en el cerebro, relacionadas con estados de relajación profunda.

Por otro lado, el llamado canto devocional produce cambios cerebrales que promueven estados de bienestar, ya que los estudios muestran que también se activan las ondas delta, promoviendo estados meditativos.

Ahora bien, si a la música y al canto le agregamos la danza, tendremos una combinación extremadamente poderosa. De hecho, esta alianza trae grandes beneficios como la reducción del estrés, la ansiedad e incluso la depresión. Además, provoca la liberación de endorfinas, la hormona de la felicidad, y promueve el sentido de comunidad y la autoestima.

Las culturas ancestrales, originarias del mundo conocido, han practicado el canto ritual y la danza como forma de sanar y de elevar la consciencia. Como ves, esto no es nada nuevo. Aunque este conocimiento se ha ido perdiendo con el tiempo, se sigue practicando y espero que resurja con fuerza en los próximos años.

La risa y la sonrisa

Existe un fenómeno íntimamente conectado con las palabras que pocas veces exploramos con profundidad: la risa. La risa no es solo una respuesta emocional espontánea ante palabras graciosas. Es un puente entre lo que pensamos, lo que sentimos y lo que nuestro cuerpo vive como bienestar en lo más profundo de nuestra alma.

La palabra reír viene del latín *ridere* y, según el Diccionario de la Lengua de la Real Academia Española, se define como manifestar regocijo mediante determinados movimientos del rostro, acompañados frecuentemente por sacudidas del cuerpo y emisión de peculiares sonidos inarticulados.

La risa es, en esencia, una respuesta corporal a un significado que resuena en nuestro interior. Cuando reímos, las palabras e ideas que evocan humor no solo se escuchan, sino que se sienten en nuestro cuerpo y en nuestra alma. Es una especie de acorde que nos alivia y nos aporta ligereza. Cuando nos reímos, a través de palabras que traen humor o de imágenes de algo que nos divierte profundamente, se activa un estado de apertura en el que los miedos se suavizan, las angustias se diluyen y sentimos esa alegría sana que nos hace bien. La risa nos recuerda que también estamos hechos de sensaciones fluidas y vivas.

Todo lo anterior vale también para la sonrisa. Podemos verlo en nuestra vida cotidiana, cuando recibimos una sonrisa durante las interacciones con otras personas o cuando nosotros sonreímos a otros. En esos momentos, todo se hace más liviano, más llevadero y obtenemos aquello que queremos de manera más fluida y rápida.

Desde la ciencia también se ha observado este efecto. Aquí te invito a leer un extracto de uno de mis artículos publicado en Brainz Magazine titulado El poder curativo de sonreír y reír.

"Se han publicado varios estudios en la revista Psychological Science, así como otros realizados por la Universidad de Australia del Sur, la Universidad de Cardiff, en Reino Unido, y otras instituciones de todo el mundo. Los investigadores descubrieron que las personas que sonreían tras completar una tarea estresante tenían una frecuencia cardíaca más baja que quienes no sonreían.

De igual manera, un estudio publicado en el Journal of Psychiatric Research reveló que la risoterapia era eficaz para reducir los síntomas de depresión en pacientes con trastorno depresivo. Otro estudio, publicado en el Scandinavian Journal of Primary Health Care, mostró que la risoterapia era eficaz para reducir el dolor en pacientes con dolor musculoesquelético crónico. Además, reír puede mejorar la función cognitiva, la creatividad y la memoria.

Sonreír desencadena la liberación de endorfinas, analgésicos naturales y estimulantes del ánimo.

Incluso si no tienes ganas de sonreír, puedes hacerlo, ya que este simple acto envía una señal a tu cerebro y desencadena la liberación de neuropéptidos y neurotransmisores como la dopamina y la serotonina, todos asociados con la felicidad. La risa también libera endorfinas.

En un contexto más cotidiano, sonreír y reír puede hacerte parecer más atractivo y accesible. Además, influyen en la construcción de mejores relaciones y en la mejora de las interacciones sociales. Una sonrisa genera emociones positivas y hace que los demás se sientan más cómodos, y una buena carcajada es contagiosa y trae alegría.

<u>Ideas para incorporar más sonrisas y risas a nuestras vidas</u>

Es evidente que los beneficios de sonreír y reír son enormes, y la buena noticia es que no es difícil incorporarlas a nuestra vida diaria. Solo necesitamos un poco de voluntad para permitir que se arraiguen más en nosotros. Aquí tienes algunas ideas para ayudarte a empezar.

- Ver una película o serie divertida: Una de las maneras más fáciles de incorporar más risas y sonrisas a nuestras vidas es ver una comedia. Hay muchísimas películas y series divertidas disponibles que pueden hacernos reír y sentir bien. Un estudio realizado por la Universidad de Loma Linda descubrió que ver un video divertido aumentaba la función de la memoria en adultos mayores. Por lo tanto, es posible que este mismo efecto ocurra a cualquier edad.
- Pasa tiempo con amigos y familiares: Socializar con tus seres queridos es una excelente manera de aumentar las sonrisas y las risas, y de mejorar nuestro estado de ánimo.

Pasar tiempo con personas que nos hacen felices tiene un efecto inmediato en nuestra frecuencia cardíaca y en los niveles de estrés.

- Sonríe a los demás: Una simple sonrisa tiene un gran impacto. Sonreír a las personas las hace sentirse reconocidas y apreciadas, lo que genera un efecto dominó positivo. No olvides que sonreírle a alguien no solo es un acto dirigido a esa persona, sino también a ti mismo, ya que tú también recibes los beneficios de esa sonrisa.
- Prueba el yoga de la risa: El yoga de la risa es un tipo de yoga que implica ejercicios de risa y respiración profunda. Se puede practicar en grupo o individualmente y es una forma divertida de aumentar la risa y obtener beneficios inmediatos para la salud y las emociones.
- Conecta con tu corazón: Inhala y exhala un poco más lento y profundo de lo normal, concentrándote en la zona del corazón. Luego, activa el sentimiento de agradecimiento y sonríe. Haz esto durante unos cinco minutos.
- Practica la gratitud: Centrarse en los aspectos positivos de nuestra vida y estar agradecidos por lo que tenemos conduce naturalmente a sonreír y reír más. Empieza por llevar un diario de gratitud y sonríe al escribirlo, ya que este acto, sencillo pero significativo, influirá en tu estado de ánimo.

En conclusión, el poder de sonreír y reír es innegable. Estos actos comunes pueden tener profundos efectos en nuestra salud mental, emocional y física, así como en nuestras conexiones y relaciones sociales. Al hacer un esfuerzo consciente por sonreír y reír con más frecuencia, mejoraremos nuestro bienestar general y llevaremos vidas más felices y saludables. Entonces, abracemos y encarnemos el poder de sonreír y reír, y contagiemos alegría dondequiera que vayamos."

Mi llamado es, también, a sonreír en tus conversaciones cotidianas, contigo mismo y con otros.

La Meditación

Cuando hablamos de meditación, muchas personas imaginan silencio absoluto, ausencia total de pensamientos o una mente en blanco. Sin embargo, quienes practicamos meditación sabemos que ese silencio no siempre es literal. Muy por el contrario, al sentarnos a meditar entramos en contacto con un lenguaje interno que, lejos de desaparecer, se vuelve más audible y más revelador.

Meditar, en mi experiencia, no es dejar de pensar, sino aprender a relacionarnos de otra manera con las palabras que habitan en nuestra mente. Es observar ese diálogo interno sin juicio, sin pelea, sin querer corregirlo de inmediato.

En ese espacio de observación, las palabras comienzan a perder rigidez y se transforman en mensajes, en señales que nos muestran cómo estamos realmente.

Al iniciar una práctica meditativa, muchas veces aparecen frases como: "no puedo", "esto es difícil", "mi mente no se calla", "no lo estoy haciendo bien". Estas palabras no son un error de la meditación, son parte de ella, son la expresión de hábitos mentales profundamente arraigados.

La meditación nos ofrece la posibilidad de escuchar ese lenguaje interno con conciencia y, desde ahí, suavizarlo.

Con el tiempo y la práctica, ese diálogo comienza a transformarse. Las palabras internas se vuelven más lentas, menos exigentes. Aparecen frases como “está bien así”, “solo observa”, “respira”. En ese cambio sutil del lenguaje interno se produce una transformación profunda, no solo mental, sino emocional y corporal, el alma descansa cuando la mente deja de atacarse a sí misma.

Desde la ciencia, los beneficios de la meditación han sido ampliamente estudiados. Investigaciones en neurociencia han demostrado que la práctica regular de la meditación modifica la estructura y la función del cerebro. Dichos estudios muestran que la meditación reduce los niveles de cortisol, la hormona del estrés, mejora la calidad del sueño, fortalece el sistema inmunológico y contribuye a una mayor sensación de bienestar general. A nivel emocional, se asocia con una disminución de la ansiedad, la depresión y la rumiación mental. A nivel físico, se ha observado una mejora en la presión arterial y en la regulación del sistema nervioso autónomo.

Pero más allá de los datos medibles, hay un aspecto de la meditación que toca directamente al alma: la forma en que nos hablamos cuando nadie más nos escucha. En el silencio de la práctica, las palabras internas se vuelven espejos. Hace un tiempo escribí un artículo para la revista en inglés Brainz Magazine, acerca de la meditación, titulado Tres meditaciones efectivas para tu vida diaria. Te dejo aquí un extracto para mayor comprensión de este tema.

“La meditación es una práctica de la que todo el mundo habla, pero me he dado cuenta de que la mayoría de las personas no la practican con regularidad o no la practican en absoluto, aunque saben bastante sobre ella. Muchos ven la meditación como un "trabajo" e, inconscientemente, la asociamos con algo difícil de hacer e incluso desagradable.

¿Qué es meditación?

Según definiciones de varios diccionarios, meditación es "el acto de prestar atención a una sola cosa, ya sea como actividad religiosa o como una forma de calmarse y relajarse". Podemos ver, entonces, que, aunque se requiere silencio, la clave de la meditación es la atención. Si somos capaces de centrar nuestra atención según sea necesario, podremos avanzar rápidamente en nuestra práctica diaria.

Pues bien, te estarás preguntando a qué debes poner atención. Aquí es cuando podemos hablar de diferentes formas de meditar. Algunas prácticas de meditación se centran en técnicas de respiración, otras en técnicas de respiración cardíaca, otras se enfocan en vaciar la mente de pensamientos.

Para mí, la meditación implica centrar toda mi atención en la Fuente (Uno, Origen, Dios, el nombre que elijas). En otras palabras, sentarme en silencio y conectarme con la Fuente mediante un acto consciente de crear una corriente energética entre mi mente, mi corazón y la Fuente de toda creación. La meditación, según mis estándares, significa exploración del yo interior y expansión de la conciencia y, tal vez, estas palabras parezcan grandiosas y sientas el deseo de huir. Sin embargo, existe un sistema que puedes implementar y, una vez que lo dominas, la meditación tiene el potencial de cambiar tu vida de maneras positivas e inesperadas.

¿Cómo iniciar una práctica de meditación?

Empieza despacio. Da un paso a la vez. Practica de 3 a 5 minutos durante unos días y luego aumenta el tiempo según tu propio criterio. Utiliza un audio de meditación guiada al principio. Esto te ayudará a saber qué hacer y a tener más dominio. Elige un lugar tranquilo en casa donde no te interrumpan.
Disfruta el proceso y no te castigues si no es fácil al principio.

Meditación de gratitud

- Siéntate en una posición cómoda. Es mejor sentarse al empezar para evitar quedarse dormido.
- Cierra tus ojos.
- Centra tu atención en tu cuerpo, comenzando desde tus pies y subiendo hasta tu cabeza.
- Ahora empieza a inhalar y exhalar un poco más lento y profundo de lo normal.
- Sigue respirando y concéntrate en tu corazón y siéntelo.
- Ahora siente gratitud en tu corazón, gratitud por las bendiciones de tu vida, por tu familia, por tus amigos, por tu pareja, por lo que más valoras.
- Puedes repetir una afirmación de gratitud como, por ejemplo: agradezco por mis amigos.
- Repite la afirmación de tu elección tres veces.
- Ahora, vuelve a traer conciencia a tu cuerpo y siéntelo.
- Abre lentamente los ojos.

Meditación para aliviar el estrés

- Siéntate en una posición cómoda.
- Cierra tus ojos.
- Sé consciente de tu cuerpo y siéntelo.

- Ahora, concéntrate en tu respiración.
- Respira profundamente, inhalando durante 5 segundos.
- Mantén la respiración durante 5 segundos.
- Exhala durante 5 segundos, visualizando que estás expulsando el estrés del día.
- Repite este ciclo al menos 3 veces.
- Nuevamente, sé consciente de tu cuerpo y siéntelo.
- Abre lentamente los ojos.

Meditación de Atención y Escucha

- Siéntate en una posición cómoda.
- Cierra tus ojos.
- Empieza a escuchar los sonidos que te rodean. Escucha los autos que pasan, la gente hablando, los niños jugando, los pájaros o los árboles moviéndose con el viento, escucha los ruidos a tu alrededor.
- Ahora concéntrate en tu cuerpo y escanéalo, escuchando.
- Concéntrate y escucha tu propia respiración.
- Ahora, concéntrate en tu corazón y escúchalo. Puedes colocar una mano en el centro de tu pecho y simplemente escuchar.
- Abre lentamente los ojos."

Escribir este artículo me hizo comprender que meditar es también aprender a escuchar las palabras del cuerpo: una tensión, un latido, una emoción que pide ser reconocida. Cuando dejamos de imponer silencio y comenzamos a escuchar con atención, la meditación se convierte en un acto profundo de respeto hacia nosotros mismos.

Mi invitación aquí es simple y es que, durante la meditación, observes las palabras que surgen en tu mente. No intentes cambiarlas de inmediato, escúchalas como escucharías a alguien querido, respira con ellas, permite que se suavicen. En ese gesto consciente, el lenguaje interno se puede transformar y tu experiencia interna se va ampliando.

La Naturaleza

Una parte importante de nuestra vida es aquella que se relaciona con el entorno en que nos movemos. Nuestro ser interior posee sentimientos diferentes de acuerdo al lugar en el que nos encontremos. Por ejemplo, si estamos cada día trabajando en una oficina, con luz eléctrica como única iluminación y frente a una pantalla de computador, al final del día nos sentiremos más abatidos, fatigados y solo con ganas de dormir. Por el contrario, si cada día caminamos por una plaza, salimos al patio o a un balcón, o nos ponemos de cara al sol, nos sentiremos con mejor ánimo y con un poco más de calor en el corazón.

La palabra naturaleza viene del latín *natura*, que, a su vez, proviene de *nasci*, que significa nacer. Esta palabra tiene múltiples significados. Sin embargo, aquí me voy a referir a uno dado por la Real Academia Española de la Lengua: naturaleza es el medio físico en el que coexisten los seres vivos y los inertes, al margen de la vida urbana. Si bien es cierto que no concuerdo con la noción de "seres inertes" dada aquí, esta definición nos habla de todo aquello que se refiere a la tierra, el aire y el agua. Vivimos, muchos de nosotros, en ciudades. Sin embargo, en las últimas décadas se ha puesto énfasis, desde la ciencia y el bienestar interno, en lo vital que resultan los espacios verdes, los jardines, lo acuático y el aire que respiramos para nuestro cuerpo y nuestra alma.

En un estudio realizado en Alemania el año 2023, la terapia basada en la naturaleza demostró mejoras en el bienestar mental y disminución de los porcentajes de depresión. Los pacientes destacaron la importancia de que el terapeuta fomentara la conexión con la naturaleza, la mejora a nivel espiritual y el llevar a cabo una actividad significativa. Todos los pacientes percibieron la terapia basada en la naturaleza como efectiva.

En otro estudio acerca de la prescripción de terapias basadas en la naturaleza, publicado por la reconocida revista The Lancet, también en el año 2023, se analizaron múltiples estudios que encontraron que los programas de prescripción de naturaleza dieron como resultado una mayor reducción de la presión arterial sistólica y de la presión arterial diastólica. Las prescripciones de naturaleza también tuvieron un efecto de moderado a grande en las puntuaciones de depresión y en las puntuaciones de ansiedad, además de un mayor aumento en el número de pasos diarios.

Como podemos inferir, la naturaleza tiene un papel fundamental en nuestra salud mental, emocional y física, que definitivamente no es inerte. Mi intención aquí es animarte a que lleves la palabra naturaleza a la acción. Tómate el tiempo para salir un momento de tu casa, de tu oficina y caminar o solo mirar un árbol, sentir el sol en tu cuerpo o el aire. Tu cuerpo y tu alma te lo agradecerán.

Escuchar activamente

Escuchar es una de las habilidades más subestimadas de nuestra vida cotidiana. Creemos que escuchamos, pues oímos, porque estamos presentes físicamente o porque asentimos con la cabeza mientras el otro habla. Sin embargo, escuchar va mucho más allá de recibir sonidos. Escuchar es un acto profundo de presencia, de apertura y de respeto hacia el otro y hacia nosotros mismos.

Según el Diccionario de la Real Academia Española, escuchar significa prestar atención a lo que se oye. Esta definición, breve y aparentemente simple, encierra una clave fundamental: prestar atención. No basta con que el sonido llegue a nuestros oídos, escuchar implica intención, disposición y consciencia.

La palabra escuchar proviene del latín *auscultare*, que significa oír atentamente, atender con cuidado, prestar oído. De esta raíz también proviene la palabra auscultar, usada en medicina para referirse al acto de escuchar el cuerpo con atención. No es casual, escuchar siempre ha implicado una actitud activa, cuidadosa y profunda.

Los seres humanos, sin excepción, tenemos la tendencia a escuchar a medias. Mientras el otro habla, muchas veces ya estamos formulando nuestra respuesta, recordando una experiencia similar o esperando el momento para hablar de nosotros mismos. No lo hacemos por mala intención, es un hábito aprendido, profundamente humano, ya que queremos ser vistos, reconocidos, comprendidos y, en ese deseo, interrumpimos el acto de escuchar.

Sin embargo, cuando no escuchamos plenamente, la comunicación se fragmenta. Escuchar es una parte esencial del vínculo humano. Es a través de la escucha que validamos al otro, que creamos confianza y que permitimos que el diálogo sea un espacio seguro. Sin escucha, las palabras se vacían de sentido.

Escuchar activamente es suspender, aunque sea por unos instantes, el impulso de responder, corregir o aconsejar, es abrir un espacio donde el otro puede expresarse sin sentirse juzgado.

Desde la ciencia, la escucha ha demostrado tener efectos profundos. Estudios en psicología y neurociencia han mostrado que cuando una persona se siente escuchada, se reduce la activación de la amígdala, asociada al estrés y a la amenaza, y se activan áreas del cerebro relacionadas con la regulación emocional y la conexión social, sentirse escuchado calma el sistema nervioso.

Investigaciones en el ámbito de la salud mental indican que la escucha empática mejora la calidad de las relaciones terapéuticas y está asociada con mejores resultados en procesos de acompañamiento psicológico. En contextos sociales y laborales, se ha observado que equipos donde se practica la escucha activa presentan mayor cohesión, confianza y bienestar emocional.

Escuchar también tiene un efecto transformador en quien escucha. Cuando practicamos la escucha activa, disminuye nuestra reactividad, aumenta nuestra capacidad de empatía y se fortalece nuestra presencia.

Escuchar nos saca del centro exclusivo del "yo" y nos invita a habitar el espacio del "nosotros".

¿Cómo podemos practicar la escucha activa en la vida cotidiana?

- Estar realmente presentes, dejando de lado distracciones como el teléfono o pensamientos paralelos.
- Mirar a la otra persona, no solo con los ojos, sino con atención genuina.
- Escuchar sin interrumpir, aunque surja el impulso de responder de inmediato.
- Observar el tono, las pausas y las emociones detrás de las palabras.
- Reflejar lo escuchado con frases simples como "te entiendo" o "lo que escucho es..."
- Aceptar que no siempre es necesario dar una solución.

Escuchar activamente es un acto de humildad, es reconocer que el otro tiene algo valioso que decir. Es, también, un acto de amor, porque al escuchar damos tiempo, presencia y respeto.

El Silencio

El escuchar está íntimamente ligado al silencio, pues no es posible poner atención a lo que se dice sin estar en ese silencio de recepción intencionada de información. Para desarrollar este tema de forma más específica y clara, agrego aquí extractos de un artículo que escribí en idioma inglés y que fue publicado por Brainz Magazine:

"El poder del silencio: potenciando el bienestar mental y emocional.

El silencio, derivado del latín *silentium*, *silens*, *silere*, se refiere a la ausencia de ruido o sonido. Como alguien que trabaja con el poder de las palabras, considero que el silencio es una palabra de alta vibración, una palabra que encierra belleza.

Personalmente, me siento atraída por el silencio y aprecio su efecto calmante. Puedo pasar horas sin ningún ruido externo, sumergiéndome en mis pensamientos y emociones mientras leo o realizo distintas tareas. Para algunos, esto puede resultar aburrido, pero yo he descubierto que alimenta mi creatividad, permitiendo que las ideas fluyan con libertad. Esta práctica me acompaña desde la infancia y, con el paso de los años, fui descubriendo el verdadero poder del silencio.

En nuestro mundo ruidoso, lleno de sonidos de tráfico y notificaciones constantes del teléfono, se vuelve cada vez más difícil encontrar momentos de tranquilidad. Sin embargo, las investigaciones han demostrado que buscar de manera intencional y abrazar períodos de silencio puede traer numerosos beneficios para nuestro bienestar general. La exploración científica del silencio revela que influye en nuestras ondas cerebrales, favoreciendo una mejor memoria, mayor concentración y reducción del estrés. El silencio nos permite reflexionar sobre nuestras emociones, encontrar soluciones a los problemas y obtener claridad frente a nuestras preguntas internas. Además, cuando nos concedemos estos momentos de quietud, nuestros pensamientos y nuestro diálogo interno comienzan a alinearse con los deseos de nuestro corazón.

El silencio está estrechamente relacionado con la escucha. Cuando hablamos de silencio, inevitablemente pensamos en el acto de escuchar. Escuchar es una habilidad valiosa, aunque estamos tan acostumbrados al ruido que muchas veces nos cuesta escuchar verdaderamente a los demás. Nos rodeamos constantemente de sonidos de fondo, como la televisión, la radio o distintos dispositivos. Entonces, ¿cómo podemos cultivar el hábito del silencio?

Quisiera compartir mi método personal para abrazar el silencio. Te invito a seguir estos pasos:

- Detén lo que estés haciendo.
- Reflexiona y pregúntate: ¿necesito un momento de silencio? Si la respuesta es sí, continúa con el siguiente paso.
- Siéntate y permite el silencio completo. No te pido que silencies tu mente, solo evita hablar o tener distracciones como teléfonos o dispositivos cerca. Quédate así, en silencio, por algunos minutos, hasta que ya sientas que puedes volver al ruido.

Aclaro aquí que el silencio absoluto realmente no es parte de nuestra existencia, en todo hay sonido, y puede que lo más cercano al silencio total sea el del espacio exterior, fuera de nuestro hermoso planeta. Sin embargo, como se infiere de lo expuesto anteriormente, el ser energía que somos requiere silenciar el ruido externo para acceder a su interior.

Por otro lado, si analizas bien lo que implica el silencio interno, se puede ver que la soledad es también parte de esta ecuación. La sociedad en la que vivimos ve el estar solo o sola como algo casi inaceptable, pues se asocia al tener o no pareja o amistades. Sin embargo, cuando hablo de soledad, me refiero a esos momentos en los que el alma nos empuja a estar con nosotros mismos.

La palabra soledad deriva del latín *solus* y se refiere a la ausencia, voluntaria o involuntaria, de compañía. Cuando elegimos momentos de soledad voluntariamente, potenciamos el escucharnos a nosotros mismos, a nuestra alma y a nuestro cuerpo. El aceptar la soledad en este sentido puede abrirnos el corazón y cambiar las circunstancias energéticas que impiden que tengamos esa anhelada compañía amorosa o amistosa.

RELATO PERSONAL
El hombre de la esquina, mi hermana y yo

La historia que te cuento a continuación es una que recuerdo con la emoción de compartir un momento divertido y una lección de amabilidad con mi amada hermana Paula.

Un buen día, en Santiago de Chile, Paula me invitó a acompañarla a hacer unas compras al centro de la ciudad. Debíamos ir específicamente a la calle Rosas, conocida por sus locales de venta de artículos de bautizos, primera comunión y otros. Mi hermana me pasó a buscar en su auto y partimos hacia el centro. En el camino íbamos conversando y cuando llegamos al centro de Santiago, distraídas las dos, nos perdimos y dimos varias vueltas tratando de encontrar la calle Rosas. Aclaro que en esa época no existía el GPS ni la navegación digital, entonces, a menos que tuviéramos un mapa, no sabíamos exactamente dónde estábamos.
En una esquina, con el semáforo en rojo, Paula dijo: preguntémosle a alguien dónde está la calle. Debido a que estábamos detenidas frente al semáforo, teníamos suficiente tiempo para preguntar. Bajamos la ventanilla y Paula preguntó a un señor: disculpe, sería tan amable de indicarnos dónde queda la calle Rosas.

El señor empezó a darnos las indicaciones y resultó que le costaba hablar, sin embargo, con mucha amabilidad y haciendo lo mejor que podía, nos mostró dónde doblar y qué calles seguir para llegar. El amable señor era tartamudo y su explicación duró bastante, incluso mucho después de que la luz del semáforo cambiara a verde.

Inmediatamente después de escuchar su explicación, mi hermana y yo le sonreímos, agradeciéndole profusamente, y seguimos nuestro camino. Un poco más adelante nos miramos y estallamos en carcajadas. Por supuesto, no nos estábamos riendo del señor, sino de la situación, pues esa esquina estaba llena de personas, le podríamos haber preguntado a cualquier otra persona por direcciones, pero lo divino nos tenía preparada una prueba de paciencia y bondad. La magia es que, cuando el semáforo cambió a verde y el señor seguía con su explicación, ninguno de los autos de atrás tocó la bocina o nos gritó para que continuáramos el camino, cosa extraña en una gran ciudad. Gracias al amable señor llegamos a la calle Rosas entre risas y agradecimiento a ese ser que nos ayudó haciendo un esfuerzo y con una sonrisa. Hasta el día de hoy, Paula y yo recordamos esta anécdota con alegría en el corazón.

En el siguiente capítulo encontrarás palabras y conceptos profundamente ligados a lo que acabamos de explorar sobre el alma. Sin embargo, he sentido la necesidad de darles un lugar propio, un capítulo aparte, porque su fuerza, su profundidad y su impacto merecen ser contemplados con mayor atención.

Te invito a acercarte a ellas con apertura y curiosidad, y a descubrir cómo estas palabras de elevada vibración pueden convertirse en guías sutiles y firmes en tu camino.

CAPÍTULO CUATRO
EL SUSURRO DE LAS PALABRAS ESENCIALES

El Perdón

Es complejo referirse al perdón. Es un concepto profundamente cargado de significado, tanto en lo religioso como en lo social. Perdonar suele estar entrelazado con emociones intensas como la culpa, la rabia y la forma en que nos valoramos a nosotros mismos.

La palabra perdonar proviene del latín *per* y *donare*, que significa dar por completo, entregar. En su sentido más amplio, se entiende como remitir una deuda, una ofensa o una falta por parte de quien ha sido afectado. Aunque a primera vista pueda parecer un tema exclusivamente emocional o espiritual, el perdón ha sido ampliamente estudiado por la ciencia, con resultados reveladores. Se ha observado que tiene un impacto directo en nuestra salud mental, emocional e incluso física.

El doctor Frederic Luskin, psicólogo clínico e investigador de la Universidad de Stanford, ha dedicado gran parte de su trabajo a estudiar el perdón. En su libro Forgive for Good, plantea que perdonar no es justificar ni reconciliarse necesariamente con quien nos ha herido. Perdonar es, más bien, una decisión consciente de soltar el dolor para recuperar nuestra capacidad de vivir en paz en el presente. Sus investigaciones muestran de manera consistente que aferrarse al rencor afecta negativamente al cuerpo y a la mente, mientras que el perdón favorece la salud, la empatía y la compasión. También se ha asociado con la reducción del estrés, la ansiedad y la presión arterial.

Desde una mirada espiritual, el perdón puede vivirse como un acto de fe. Implica soltar el deseo de venganza y abrir espacio a una forma más elevada de comprensión, no significa negar lo ocurrido, sino permitir que esa experiencia se transforme en aprendizaje, resiliencia y expansión interior.

Los seres humanos tendemos a culparnos con facilidad. Revisamos el pasado una y otra vez, pensando que todo habría sido distinto si hubiéramos tomado otra decisión o actuado de otra manera. En este punto, la idea de que todo tiene un propósito puede ofrecernos una nueva perspectiva, ya que no sabemos qué habría ocurrido si el camino hubiera sido otro. Cada elección nos conduce a experiencias que, de una u otra forma, contribuyen a nuestro crecimiento. En cada camino recorrido vamos desarrollando comprensión, fortaleza y sabiduría interna. Por eso, el perdón hacia uno mismo es tan esencial como el perdón hacia los demás, es un acto profundamente liberador para el alma.

<u>Ejercicio breve para cultivar el perdón</u>

1.- Reconoce la experiencia sin alimentar la historia:

Lleva a tu mente una situación o persona que aún te genere malestar. No repases los detalles, reconoce únicamente el hecho interno: "Esto ocurrió y me dolió".

Observa qué emoción aparece y dónde la sientes en el cuerpo.

2.- Regula tu sistema emocional

Coloca una mano en el corazón y respira de forma lenta y consciente durante unos momentos.

- Al inhalar, di internamente: "Ahora estoy a salvo".

- Al exhalar, di internamente: “Puedo soltar un poco”.

Este paso ayuda a regular el sistema nervioso.

3.- Identifica y suelta la expectativa no cumplida
Pregúntate: ¿Qué esperaba que fuera distinto aquí?
Reconoce esa expectativa interna que no se cumplió y repite con suavidad:
“Dejo de exigirle al pasado que sea diferente”.

4.- Elige el perdón como un acto de autocuidado
Recuerda que perdonar no es justificar ni olvidar, sino liberar tu energía emocional.
Di internamente:
“Elijo no seguir cargando con este resentimiento y devolver mi atención a mi vida presente”.

5.- Cierra con una intención consciente
Antes de terminar, lleva tu atención a algo que hoy sí esté sosteniéndote: una cualidad, una relación con otra persona, algo por lo que sientas gratitud.
Permite que esa sensación ocupe el espacio que antes tenía la tensión.

Este ejercicio puede practicarse varias veces con la misma situación, respetando tu propio ritmo. El perdón, como proponen la ciencia y la espiritualidad, es una práctica, no una exigencia.

La Palabra Ángel

Hay palabras que llevan una impronta elevada en sí mismas, un hálito de protección e inspiración. Ángel es una de ellas. En nuestra cultura hispana, la mayoría de nosotros crece escuchando acerca de estos seres etéreos y, aunque lo neguemos, muchos creemos en ellos. En este sentido, se puede hablar de lo que se conoce como epigenética.

La epigenética es el estudio de los cambios que se producen en el ADN a raíz de factores medioambientales. Dichos factores pueden activar o desactivar genes. La epigenética plantea que nuestro estilo de vida, y también nuestros pensamientos, emociones y creencias, tienen un impacto en nuestras células, y que el ADN es controlado por esos factores. En otras palabras, aquello que percibimos como positivo produce químicos neuronales beneficiosos para nuestra salud. Sin embargo, lo que es considerado negativo genera una respuesta tóxica en nuestro organismo.

Me atrevo a decir que creer en ángeles da un impulso afirmativo y ventajoso a nuestra vida, pues trae esperanza y seguridad al ser energía que somos. Yo le llamaría epigénetica del alma.

Hace un tiempo, escribí un artículo en inglés para la revista Ascension Lifestyle Magazine titulado Yo creo en ángeles. Te invito a leerlo y a conocer un poco más acerca de ellos.

"Recuerdo que, de pequeña, rezaba una oración a mi Ángel de la Guarda que me enseñó mi querida tía abuela Maninina. Me olvidé de ellos en mi adolescencia y en mi vida adulta. Luego, a medida que adquiría más conciencia de mi yo espiritual, comencé a sentirlos un poco más y quedé fascinada por estos seres especiales y sus historias. Hoy quiero compartir, abiertamente, contigo algunas cosas básicas sobre este reino mágico.

¿Cuál es la diferencia entre ángeles y arcángeles?
Esta es una pregunta común y fácil de abordar, teniendo en cuenta que existen múltiples formas de explicar y comprender los reinos angélicos.

La palabra ángel en latín es *angelus* y significa "mensajero de Dios". Los ángeles sostienen y ayudan a los humanos durante nuestra existencia en el campo físico y nos protegen.

La palabra arcángel está formada por el prefijo *arco,* que significa "jefe" en griego antiguo. Por lo tanto, un arcángel es un mensajero jefe y principal. También nos apoyan, pero, más que eso, transmiten los decretos e ideas divinas o de Dios a la humanidad en su conjunto. Los arcángeles también son conocidos por sus nombres y aquí quiero hablar de tres de ellos:

Arcángel Miguel. Es nuestro protector y defensor. Además, nos guía hacia las circunstancias en las que podemos prestar nuestro servicio perfecto como seres de luz. Miguel guía a quienes trabajan en la policía y en las fuerzas armadas, y a todos nosotros cuando estamos en peligro. Llámalo cuando sientas que necesitas un escudo de protección y guía en tu propósito. Su color es azul, como su Espada de Luz.

Arcángel Gabriel. Nos entrega los mensajes divinos. Simboliza la purificación. En otras palabras, se asegura de que recibamos estos mensajes con un corazón puro, ya que es el ángel de las revelaciones. Gabriel es el protector de quienes trabajan con la comunicación y el lenguaje. Llámalo cuando requieras claridad y eficacia en tu forma de comunicar. Su color es blanco.

Arcángel Rafael. Es el Médico de Dios y nos ayuda a sanar nuestra alma. Él abre nuestros ojos a los reinos de la luz y el amor. Rafael protege a los trabajadores de la salud y a las parejas. Llámalo cuando necesites ayuda para sanar una condición médica y, por supuesto, una condición del alma. Su color es verde.

Hay otros arcángeles que podría mencionar, como Uriel, Chamuel o Zadkiel. Sin embargo, dejaré que tú descubras más sobre ellos.

¿Cómo podemos comunicarnos con los Ángeles y Arcángeles?

- En primer lugar, debemos reconocer su existencia. Recuerda que el hecho de que algunas cosas sean invisibles para el ojo humano no significa que no existan.

- En segundo lugar, siéntelos en tu corazón, míralos con los ojos de tu corazón.

- En tercer lugar, háblales, no de una manera necesitada, sino como si hablaras con un amigo, pídeles orientación y asistencia.

- En cuarto lugar, debes abrirte a sus respuestas, las conocerás o las sabrás a través de tu intuición.

Ahora quiero hablar de unos ángeles muy singulares: los Ángeles de Paniri.

Los Ángeles de Paniri cobraron vida a través de la Maestra en Artes Fresia Castro, gran guía espiritual latinoamericana. Hace unos años, Fresia fue entrevistada por una revista y compartió un mensaje recibido por los ángeles: "Somos lo que ustedes llaman Ángeles, y llegó el momento de irradiar más cerca de ustedes y será a través del arte como mejor lo haremos."

Se llaman Ángeles de Paniri porque Fresia Castro vivía en el desierto de Atacama, en Chile, al pie de la montaña sagrada Paniri, cuando comenzó a pintar a los ángeles. Fresia ha pintado más de cien ángeles hasta ahora. Los Ángeles de Paniri son especiales para mí, porque al mirarlos inmediatamente siento su radiación, su protección, su amor.

Quiero terminar este artículo mencionando que hace unos años el maestro espiritual Drunvalo Melchizedek compartió un mensaje que también recibió de los ángeles: "No estamos separados de ustedes, somos ustedes."

Entonces, todos los ángeles tienen un mensaje que transmitir. El planeta necesita su radiación, su presencia en la vida de las personas. Tal vez deberíamos dejar de lado nuestros juicios y prejuicios y escuchar sus vibraciones de alta frecuencia, sentir su amor por nosotros y aceptar su existencia. Entonces el mundo sería un lugar mejor."

La Felicidad

Esta palabra está profundamente vinculada con la risa y las sonrisas que exploramos en el capítulo anterior. La felicidad no es un concepto aislado, sino una experiencia que se manifiesta en el cuerpo, en la emoción y en la manera en que habitamos cada momento.

Para abordar este tema, quiero compartir contigo ideas que tuve el privilegio de escuchar recientemente en un podcast sobre la felicidad, donde el invitado era el Dr. Tal Ben-Shahar, el profesor más destacado en la historia de la Universidad de Harvard, reconocido por sus famosos cursos de Psicología Positiva y La Psicología del Liderazgo.

El Dr. Ben-Shahar establece los parámetros de la felicidad en sus cursos y libros, convirtiéndose así en el experto más reconocido en este tema en todo el mundo. Compartiré contigo, entonces, algunos de los conceptos fundamentales para ser feliz expuestos por este doctor.

Primero, veamos qué es la felicidad. Según el diccionario de la Real Academia Española de la Lengua, la felicidad se define como un "estado de grata satisfacción espiritual y física". Sin embargo, el Dr. Ben-Shahar especifica que la felicidad tiene muchas definiciones, tantas como estrellas en el cielo. Él se basa en una definición dada por Helen Keller, quien dice que la felicidad es "totalidad". Entonces, el Dr. Ben-Shahar define la felicidad como el "bienestar total de una persona".

Según el Dr. Ben-Shahar, la mayoría de nosotros cree que la felicidad está relacionada con el éxito, como ser un gran empresario, sobresalir en el trabajo o tener riqueza material. Sin embargo, todas estas cosas son solo logros temporales. En otras palabras, el éxito no conduce a la felicidad, ya que es efímero. Entonces, según el Dr. Ben-Shahar, las personas se enfocan en lograr algo, creyendo que, una vez obtenido, serán felices para siempre. Una vez expuesto lo anterior, el Dr. Ben-Shahar declara que nuestro sistema está diseñado para el proceso, no para el resultado. En otras palabras, el camino hacia un logro es parte de nuestra naturaleza humana. Por lo tanto, lo óptimo sería aceptar esta parte de nosotros mismos y crear la vida desde esa perspectiva, ya que estamos programados para perseguir la felicidad.

La pregunta natural es: ¿cómo ser feliz? El Dr. Ben-Shahar aclara que, en realidad, la pregunta debería ser ¿cómo ser más feliz?, ya que la felicidad completa no sería alcanzable en esta vida.

Las investigaciones científicas han demostrado que perseguir la felicidad "indirectamente" conduce a las personas a ser más felices. A través de cientos de estudios y de su experiencia de 30 años dedicados a este tema, el Dr. Ben-Shahar ha concluido que nuestra naturaleza humana requiere de metas, de un camino, de un propósito. Entonces, al combinar el "ahora" con la meta que queremos lograr y dar pequeños pasos hacia ella, disfrutando de ese proceso, de ese ahora, nos llevará a sentirnos más felices en nuestra vida diaria.

La idea es combinar la sabiduría de Oriente, que se enfoca en el poder de estar presente, y la sabiduría de Occidente, que propone metas y logros. En este sentido, una meta es definida como un medio, no como un fin. Tener una meta libera y ayuda a disfrutar del ahora.

¿Qué podemos hacer para ser más felices?, te estarás preguntando. Aquí entra en juego lo que el Dr. Ben-Shahar llama "pequeñas actividades enfocadas y comprometidas". Es decir, introducir pequeños cambios en tu vida de forma consistente y comprometida; por ejemplo, meditar, mejorar tu alimentación, hacer ejercicio, aprender algo nuevo, cultivar una mejor relación con tus seres queridos, ser más agradecido, darle cabida al humor en tu vida.

Estos consejos son fáciles de dar, pero difíciles de practicar. Por favor, ten en cuenta que no es necesario hacer todo esto; simplemente elige una cosa que desees implementar y hazlo de manera consistente hasta que se convierta en un hábito.

He expuesto para ti lo que nos acerca a la felicidad, según las investigaciones del Dr. Tal Ben-Shahar, para presentarte un camino a seguir en este plano físico de nuestra existencia humana. Sin embargo, creo firmemente que la felicidad es posible de manera estable y constante, tal como se plantea en el Método Cyclopea de Activación Interna de la Glándula Pineal, del cual soy instructora certificada. De hecho, dentro de este método hay muchas similitudes con lo que plantea el Dr. Ben-Shahar, teniendo en cuenta que el Método Cyclopea fue creado por Fresia Castro varios años antes de que el Dr. Ben-Shahar empezara sus investigaciones.

En el primer curso de los llamados Talleres de Profundización, La Felicidad como Destino del Ser, se plantea que los logros no son la felicidad y que el camino hacia ella comienza con el autoconocimiento más allá de nuestro cuerpo físico, es decir, "experienciar" el Ser-Energía que realmente somos, nuestro ser eterno, sin tiempo ni espacio. Una vez que esto sucede, podemos iniciar el cambio de hábitos que conducen a la felicidad, recurriendo a lo que el Método Cyclopea llama "trucos de respaldo", que son acciones concretas a llevar a cabo en nuestra vida diaria. De hecho, todo lo planteado por el Dr. Ben-Shahar son, en realidad, "trucos de respaldo".

En este sentido, te animo a seguir los consejos del Dr. Ben-Shahar, y si ya eres pinealista, es decir, si ya activaste tu glándula pineal a través del Método Cyclopea, te recomiendo encarecidamente asistir a este taller de profundización.

Una de mis citas es: "De eso que te hace feliz, haz un poco más".

La Paz

Viene del latín *pax*, *pacis*. Su significado es la situación de tranquilidad y ausencia de perturbación o conflicto.

La paz suele imaginarse como algo que sucede cuando todo está en orden, cuando nada duele, cuando el mundo deja de moverse con intensidad. Sin embargo, la experiencia humana nos muestra otra verdad: la paz no depende de que todo esté bien afuera, sino de cómo aprendemos a estar con lo que sucede adentro.

Muchas veces confundimos paz con evasión. Creemos que estar en paz es no sentir enojo, tristeza o miedo. La verdadera paz no excluye la emoción, la incluye.

La paz también se construye en lo pequeño, en la forma en que te hablas, en el ritmo que eliges para vivir, en las pausas que te permites. La paz es una práctica cotidiana.

Como una manera de complementar el concepto de paz, te invito a leer parte de un artículo que escribí el año 2022 para la revista Ascension Lifestyle Magazine y que he traducido para ti.

Seamos Paz

"Nuestro planeta atraviesa tiempos difíciles. Antes, y aún hoy, la pandemia; ahora, la guerra. La paz parece ser solo una palabra bonita, y a veces un deseo inútil. ¿Cómo podemos traer la paz al mundo?

No me cabe duda de que el primer paso para manifestar la paz es convertirnos en seres-paz. Ser paz significa actuar en nuestra vida diaria desde una vibración o frecuencia elevada. Significa afrontar cualquier situación difícil con calma y amor.

Todos hemos experimentado eventos traumáticos en nuestras vidas y, de alguna manera, la mayoría logramos superar esas situaciones difíciles. ¿Por qué? Porque, en medio de la tormenta emocional que pudimos haber estado experimentando, logramos entrar en un estado de paz donde nos permitimos pensar y vislumbrar un camino a seguir. Esto puede durar solo unos segundos, pero las repercusiones se sienten por más tiempo. Estar en paz es estar quieto, detener toda actividad y el ajetreo de nuestra mente.

Según el Diccionario de Cambridge, la paz es «la ausencia de guerra y violencia, especialmente cuando las personas viven y trabajan juntas en armonía y sin desacuerdos», y esta es, más o menos, la definición que encontramos en la mayoría de los diccionarios. Podemos ver que, para muchos, la paz es lo opuesto a la violencia, pero, para mí, la paz es un estado de ser y de actuar en el mundo.

La paz es sentir el silencio entre el ruido, la pausa entre las palabras, la «nada» entre los latidos del corazón. La paz es consciencia, es percepción. Cuando comprendemos que la paz siempre es posible y que es una elección, es muy difícil ignorarla. Imaginemos cómo sería el mundo si todos pudiéramos sentir paz, porque, en realidad, la paz es un sentimiento, una forma de pensamiento capaz de expandirse de una persona a otra. Entonces, es prudente comenzar a practicar la calma, detenernos y reconocer la serenidad interior que nos acompaña.

Te invito a repetir este decreto tantas veces como quieras: Paz en mí, paz a mi alrededor, paz en el mundo.

Ser paz, en mi opinión, hace posible la paz en nuestro precioso planeta."

La Gratitud

Bastante se habla sobre el agradecimiento últimamente, ya que se enlaza al poder de manifestación, tan en boga en estos turbulentos tiempos de cambio. Pues sí, el agradecer está íntimamente ligado con atraer a nosotros aquello que deseamos, aunque de una manera distinta a la que pensamos. Para ser más clara, el agradecimiento no es solo una frase para repetir, no, es, en realidad, un sentimiento profundo de que lo que anhelamos manifestar ya es, existe en lo invisible de la creación. Comprender esto es infinitamente más sencillo cuando se hace a través de la práctica de la gratitud, pues nuestra propia experiencia genera certeza en nosotros.

Hace un tiempo atrás, escribí un artículo para la revista Brainz Magazine, nuevamente en idioma inglés, y que posteriormente traduje para mi blog. Dicho artículo aborda el tema del agradecimiento y lo comparto contigo, pues te dará una idea de por qué es tan importante el acto de dar las gracias.

<u>El Poder de Agradecer: una mirada a cómo la gratitud puede cambiar tu mundo</u>

"La palabra gratitud proviene del latín *gratus* y significa agradar, acoger. La gratitud describe un sentimiento de aprecio que surge como respuesta a recibir amor, bondad y alegría.

La gratitud es un ingrediente fundamental para la felicidad y la ciencia ha descubierto que expresar gratitud tiene una serie de beneficios para la salud física y mental.

Normalmente, vemos la gratitud como el acto de agradecer a los demás cuando nos dan algo. En este sentido, el agradecimiento está asociado a nuestro yo exterior. Sin embargo, la gratitud no es solo un acto unidireccional, al contrario, es circular, es toda una forma de sentir, ya que los beneficios de agradecer, expresar y recibir algo a cambio de los demás van en ambos sentidos: hacia la persona que está expresando gratitud y hacia la persona que la recibe, es aquí donde entra en juego nuestro yo interior.

Veremos aquí que la gratitud es un sentimiento de alta vibración, un todo, una unidad.

Ya sabemos que la gratitud es un sentimiento de agradecimiento por las bendiciones de nuestra vida y puede dirigirse hacia otras personas, hacia la vida en general o hacia nosotros mismos. ¿Cómo?

Gratitud y felicidad

Los estudios han demostrado que la gratitud puede hacernos más felices, porque nos permite centrarnos en las cosas buenas de nuestra vida y ser más positivos. Cuando hacemos el esfuerzo consciente de sentirnos agradecidos por los logros en nuestras vidas, podemos darnos cuenta de lo afortunados que somos y los sentimientos de felicidad, amor y positividad se apoderan de nosotros.

La gratitud y la felicidad están vinculadas porque surgen emociones positivas al sentirse agradecido. Cuando sentimos gratitud, experimentamos alegría, inspiración, admiración y un sinfín de emociones beneficiosas.

Ahora, sentirnos agradecidos solo por las cosas positivas de nuestras vidas es nuestra tendencia. Sin embargo, te animo a que también agradezcas aquellos eventos que no son tan buenos, porque has aprendido de ellos, has creado resiliencia a partir de ellos. Es más, a partir de dichos eventos, has desarrollado amor hacia ti y hacia los demás.

La ciencia dice que la gratitud puede ayudar a afrontar situaciones difíciles y negativas porque podemos ver más allá de ellas y seguir adelante. En mi propia experiencia, sentirme agradecida ha aumentado significativamente mis niveles de felicidad y alegría, porque me ha dado perspectiva, he podido apreciar más y sentir menos lástima de mí misma.

Gratitud y bienestar

La gratitud se ha relacionado con una presión arterial saludable, con la mejora del sistema inmunológico y con la mejora de la calidad del sueño. Las personas agradecidas tienden a cuidar su cuerpo físico y su salud en general mucho más que otras.

Dos conocidos psicólogos, el Dr. Robert A. Emmons, de la Universidad de California, Davis, y el Dr. Michael E. McCullough, de la Universidad de Miami, han realizado extensas investigaciones sobre la gratitud.

En un estudio, pidieron a varios grupos de personas que escribieran algunas oraciones cada semana sobre diferentes temas. Uno de los grupos se centró en escribir sobre los eventos o situaciones por los que estaban agradecidos esa semana. Después de 10 semanas, este grupo en particular informó no solo sentirse más optimista y más feliz, sino que también hacía más ejercicio y tenía menos visitas a los médicos que los otros grupos.

La gratitud también se ha relacionado con una mejor salud mental, disminuyendo la depresión y la ansiedad.

La Universidad Virginia Commonwealth realizó un gran estudio que demostró que ser agradecido apuntaba a un menor riesgo de depresión, trastornos de ansiedad, fobias e incluso abuso de alcohol y drogas.

En general, la gratitud ayuda a desviar nuestra atención de la negatividad hacia la positividad, lo que desencadena en nosotros todos los beneficios de estar agradecidos. La gratitud, en definitiva, cambia el cerebro.

Sin duda, la gratitud me ha dado una mejor salud mental y mis niveles de resiliencia han aumentado con mi práctica diaria.

Gratitud y relaciones humanas

La gratitud fortalece nuestras relaciones, porque somos capaces de poner las cosas en perspectiva, podemos ver lo positivo en las personas y mejorar nuestra capacidad de perdón, incluido el perdón a nosotros mismos, que aquí es clave. Con esta visión panorámica podemos construir relaciones amorosas y amistades más fuertes, porque podemos tomar mejores decisiones sobre lo que es bueno para nosotros y para las personas que nos rodean. La gratitud realmente nos ayuda a ver más allá de los juicios y las ideas preconcebidas.

La gratitud nos permite conseguir nuevos amigos, porque ser agradecidos nos hace ser compasivos, ofrecer apoyo a los demás y ser más generosos. Entonces, en este sentido, los demás pueden sentir esta energía en nosotros y apreciarnos por estas cualidades.

En mi experiencia, la gratitud me ha hecho menos crítica, más inclusiva y ha añadido una dimensión completamente nueva a mi corazón amoroso.

Gratitud y trabajo

Expresar gratitud nos abre el camino para tener éxito en nuestro trabajo. Dado que agradecer nos ayuda a cultivar relaciones más sólidas, no sorprende que la gratitud pueda llevarnos a ser productivos y a tomar mejores decisiones, no solo en el lugar de trabajo, sino también en la dirección de nuestra carrera profesional.

Cuando expresamos gratitud, mostramos a los demás que los vemos y valoramos nuestra relación con ellos. Ser agradecido fomenta la reciprocidad, lo que crea un entorno social sólido.

Un estudio publicado en el Journal of Experimental Psychology encontró que las personas que formaban parte de un equipo y que agradecieron a sus compañeros de trabajo antes de realizar una tarea de alto estrés tenían menos estrés laboral, en comparación con los equipos que no expresaron gratitud.

La gratitud ayuda a alcanzar objetivos en el lugar de trabajo más rápido, con menos estrés y con un mejor rendimiento. Varias empresas están empezando a darse cuenta de esto y están implementando programas de gratitud en la formación de equipos, porque las personas agradecidas se vinculan mejor y son mucho más productivas.

Realmente, me habría gustado saber esta información mucho antes, cuando trabajaba en colegios y escuelas como profesora. Aunque siempre he sido agradecida con los demás, creo ahora que mi relación con otros colegas profesores hubiera sido mucho más estrecha.

Gratitud y el corazón

El Instituto HeartMath ha estudiado amplia y profundamente los beneficios de sentir gratitud o aprecio. Este instituto es mi fuente de referencia cuando hablo de la ciencia del corazón y las emociones.

La investigación de HeartMath muestra que cuando experimentamos emociones sinceras como aprecio, gratitud, amor y compasión, el corazón produce un ritmo cardíaco suave y armonioso, conocido como coherencia cardíaca. Según los científicos de HeartMath, la coherencia mejora la eficiencia cardiovascular y equilibra el sistema nervioso.

La clave aquí es sentir realmente gratitud en tu corazón, abrazar el estado de agradecimiento y disfrutarlo. Este sentimiento suavizará inmediatamente los latidos de tu corazón y liberará los beneficios que he descrito en este artículo.

Práctica de gratitud

Hay diferentes formas de incorporar la gratitud a tu rutina diaria. Te mostraré tres.

- Tómate cada noche unos minutos para ti, cierra los ojos, coloca tus manos en la zona del pecho y siente agradecimiento por las experiencias vividas durante el día.
- Escribe un diario de gratitud. Se ha demostrado que llevar un diario es muy beneficioso para nuestro bienestar. Escribe las cosas por las que sientes gratitud y no olvides conectar con tu corazón al escribir.
- Acostúmbrate a dar las gracias no solo a los demás, sino también al Universo, a Dios, a la Presencia Divina, al Uno, o a cualquiera que sea el nombre que elijas para esa energía mágica que nos une a todos.

Una conclusión agradecida

Como podemos ver, la gratitud abarca todo lo que hacemos, cada parte de nuestros días, todo lo que somos. La gratitud tiene un efecto en nuestra felicidad, bienestar, relaciones, trabajo, corazón, vida amorosa y mucho más. La gratitud es llenar los espacios vacíos que tenemos, es valorar la vida, es inspiración.

Te invito a incorporar el agradecimiento en tus hábitos diarios, traerá fabulosas e inesperadas bendiciones a tu vida. La gratitud es energía en acción amorosa."

El Amor

En la introducción de este libro dejo en claro que es un texto ecléctico, donde, aparte de desarrollar los temas principales, comparto aquello que ya había escrito en artículos para revistas, periódicos y mi propio blog. El amor es difícil de explicar, pues tal vez ninguna explicación alcanza para englobar el significado de esta palabra mágica. Hace un par de años atrás escribí la columna que leerás a continuación. Espero que mis palabras alcancen a describir el concepto de amor que vive en mi corazón.

Amor en acción

"Me encuentro una vez más en Australia, en Melbourne, visitando a mi hija, quien se vino a vivir aquí hace unos meses atrás. Mis días han estado ocupados, llenos de pequeños gestos amorosos que demuestran el profundo amor entre padres e hijos y un proceso de reflexión se ha hecho presente en mí. ¿En qué sentido? Verás, el amor para mí no es solo sentirlo, es también vivirlo en lo cotidiano, es lo que se conoce como amor en acción.

Aunque este concepto puede parecer una idea simple, es una de esas cosas, más bien la cosa, que necesitamos recordar y practicar, no solo frecuentemente, sino que siempre. Vivimos en este planeta que aparentemente se encuentra en caos, pues eso es lo que los medios de comunicación nos muestran y, de tanta repetición, comenzamos a creer que los seres humanos somos violentos y crueles. La verdad, aunque no lo parezca, es que somos seres amor antes que nada y antes que todo. Lo que postulo aquí es que el amor en acción es una filosofía de vida, es una forma de actuar en la vida diaria que se convierte en una fuerza transformadora.

El amor en acción es llevar el sentimiento a la práctica en todo lo que hacemos en la vida, desde la forma en que interactuamos con nuestros seres queridos hasta la forma en que tratamos a aquellos que no conocemos.

Partamos por lo básico, haciéndonos la pregunta que creemos conocer con el intelecto, pero que, sin embargo, realmente conocemos a través del sentimiento, del corazón que nos guía.

¿Qué es el amor?

El amor es un poderoso sentimiento y es esencial para la vida humana. Nos motiva a cuidar y proteger a los seres queridos y nos ayuda a ver el mundo de una manera más positiva. El amor nos hace sentir vivos. El amor es la fuerza más poderosa del mundo, esa que mueve montañas y que nos une a todos y a todo.

En el podcast que conduzco, Palabras Luminosas, hablo del amor. Transcribo aquí, para ti, una parte de ese episodio.

"La palabra amor viene del término indoeuropeo *am* y fíjense lo lindo que es esto: *am* significa madre. El amor sería, entonces, ese sentimiento que una madre entrega a su hijo. Otro origen etimológico de la palabra amor es que deriva del latín *A*, que significa sin, ausencia, y del latín *mortis*, que significa muerte; es decir, amor es sin muerte. ¡Qué hermosa palabra! El amor nunca muere, es eterno, como nuestro origen divino.

En mi libro, Hábitos Positivos... digo lo siguiente: Cuando hablo de amor, lo veo como la energía que lo abarca todo y que mantiene el universo en su lugar.

Para mí, y aprendí esto como instructora del Método Cyclopea, el amor no se trata de apegos y posesiones; el amor es incondicional. Todos somos amados, independientemente de nuestras propias ideas, antecedentes e historias personales. El amor es para todos, está en nuestras células, lo respiramos, lo irradiamos.

Gracias al amor superamos los límites conocidos y sobrevivimos a las peores situaciones. El amor nos hace abrazar verdaderamente la palabra unidad. El amor une a las personas; el amor une a las personas y a la naturaleza.

Sófocles, el filósofo griego, dijo: "Una palabra nos libera de todo el peso y el dolor de la vida. Esa palabra es amor".

Quiero detenerme un poco en esta frase de Sófocles, pues creo firmemente que lo que dice es así. El amor es libertad. El solo sentirlo provoca en nosotros una especie de renacimiento al momento de pasar por experiencias dolorosas, nos libera intrínsecamente.

Por otro lado, debo decir que mucha gente relaciona el amor con dolor y voy a ser tajante en esto: el amor no es dolor. ¿Cómo? Te pongo un ejemplo: si las circunstancias de la vida te separan de un ser amado, sientes dolor. Sin embargo, ese dolor se debe al sentimiento de pérdida, no al hecho de amar o no a ese ser. El amor se mantiene intacto. El amor no tiene positivo o negativo, el amor es puro, solo es. San Agustín decía

"El amor es la belleza del alma". Todo aquello que te provoca dolor se debe a un sentimiento de apego, no solo a personas, sino también a situaciones, formas de vida, ideas, juicios y prejuicios.

Ahora bien, ya que hemos definido lo que es amor, aunque la verdad es que cualquier intento de definición queda corto y no hace justicia al amor, te estarás preguntando cómo ponerlo en acción. Veamos...

¿Cómo podemos poner el amor en acción en nuestras vidas?

Voy a referirme aquí a tres aspectos que a mí me parecen fundamentales para abrir las puertas al amor en nuestra existencia.

1.- En primer lugar, es importante tener en cuenta que el amor es un sentimiento que se hace experiencia en el interior de cada uno de nosotros. No es necesario depender de los demás para que nos den amor, sino que debemos cultivar el amor dentro de nosotros mismos. Amarse a uno mismo es la premisa aquí. Por favor, no confundas el amarse con comprarse algo o irse a un spa.

Amarse es reconocerse como seres luz, seres energía, hijos del Padre-Madre, partes del todo. Es tener respeto y aprecio por nuestro cuerpo, por nuestro corazón, por nuestra existencia en este plano, es aceptarse.

La energía del amor pasa por nosotros primero. Si no nos amamos, ¿cómo podemos amar a otros? Si no nos cuidamos, ¿cómo podemos cuidar a otros?

2.- El amor en acción se manifiesta a través de la bondad. Realizar actos bondadosos es una forma de decirle al universo, al Uno, a Dios, que deseamos más amor en el mundo. Estos actos pueden ser tan simples como sonreírle a otros, cocinar algo rico para la familia o ayudar a alguien que está teniendo un mal día. También es importante recalcar que la bondad se puede dirigir hacia la naturaleza y hacia los animales. Cada acto bondadoso que llevamos a cabo contribuye a crear una cadena de amor en acción.

3.- El amor se pone en acción a través de la gratitud. Aprender a agradecer por todo lo que somos y todo lo que ya tenemos en nuestras vidas nos ayuda a disfrutar más y a superar los momentos difíciles. Cuando somos agradecidos, también estamos abriendo nuestros corazones para recibir más amor.

La gratitud es uno de los principios espirituales más importantes porque es la clave para vivir en armonía con el Universo. Cuando agradeces, te alineas con el flujo de amor en el Universo y las cosas buenas naturalmente comenzarán a aparecer en tu camino. Empieza por agradecer por lo que ya tienes, tómate un momento para apreciar tu vida, tu salud, tu familia, tus amigos y todo lo demás que hay en tu vida. La gratitud es, sin duda, amor en acción.

Por supuesto, hay otros aspectos que forman parte de lo que es poner el amor en acción, te animo a que los descubras en este viaje del corazón.

¿<u>Qué resultados podemos esperar al poner el amor en acción</u>?

Desde el punto de vista humano y energético, al ejecutar un

acto de amor, no importa cuán pequeño o grande sea, siempre nos sentiremos mejor, con más energía positiva, más felices y en paz. Es posible que muchas veces el acto de amor que hagamos sea insignificante para otros, sin embargo, no lo será para nosotros. El amor es una energía que se contagia y cuando la ponemos en acción, estamos abriendo el camino para que más amor fluya a nuestro alrededor.

Nosotros mismos empezamos a cambiar nuestra energía, nuestra actitud hacia la vida y hacia los demás, ya que dejamos de ver el mundo a través de nuestro ego no trabajado y comenzamos a darnos cuenta de que todos estamos conectados. Nos convertimos en seres amables, lo que se revela en nuestra forma de hablar y actuar, dejamos esos juicios y prejuicios que solo estancan nuestra expansión espiritual.

Al poner el amor en acción, atraemos más amor hacia nosotros, la gente quiere estar a nuestro lado, nuestras relaciones personales y de amistad mejoran notablemente y nos damos cuenta de que no necesitamos nada, más bien, todo se nos da, porque también damos.

El amor en acción es crear un mundo mejor, es construir una sociedad agradecida, amorosa, unida.

Ya debes haber notado que no me he referido al amor de pareja, al amor filial, al amor a la naturaleza o a cualquier tipo de amor en particular. ¿Por qué? Porque el amor en acción engloba todo, de hecho, el amor lo abarca todo, pues es todo.

La invitación es a descubrir esta premisa en nosotros.

Termino con un párrafo del libro Surameris y el Cofre de los Secretos de mi maestra Fresia Castro. En este párrafo, uno de los Maestros de Fresia le comenta: "La creación tiene un plan y ese plan tiene la letra A y su manifestación es el sentimiento del Amor, como vórtice creador... Es el Plan único, es el Plan Mayor, es el Plan AMOR. No hay otro. Realízalo, realícenlo, realicémoslo. En el Amor infinito del Padre somos UNO..."

RELATO PERSONAL
Un año de gratitud

Hace un par de años atrás, decidí llevar a cabo un experimento: durante un año entero escribí todo aquello por lo que estaba agradecida en un diario de gratitud. Yo misma creé ese diario, que está aún disponible en Amazon. Al momento de recibir mi copia, comencé a llenarlo diariamente, agradeciendo lo que pasaba en mi vida cotidiana y, con el tiempo, fui profundizando en esos sentimientos de agradecimiento y en mis pensamientos sobre ciertas situaciones.

Ese año resultó ser difícil, alguien muy cercano a mí fue diagnosticado con una enfermedad rara y estuvo bastante mal. Mi diario de gratitud se fue llenando de esas pequeñas cosas que la mayoría del tiempo pasamos por alto, tales como el sentimiento de despertar cada mañana y haber podido tener un sueño descansado, donde la fiebre no llegó para robarse el descanso de tu ser querido enfermo, o el hecho de haber podido salir a tomar una taza de café sin nada más que hacer que disfrutarla. Mi experimento había empezado unos meses antes, ideado por mi interés en poner a prueba lo que la ciencia dice sobre el acto de agradecer. Me sorprendió saber que bastantes de los beneficios de agradecer se plasmaron aún más en mí con el sencillo ritual de escribir mis agradecimientos en un diario.

Sentí que llevaba los acontecimientos dolorosos familiares con mayor fuerza y que era capaz de ver lo mejor en cada situación, sin negar lo difícil de dichas situaciones, sino aceptándolas y viendo posibles soluciones.

Debo aclarar que siempre he sido agradecida y, en mi conexión diaria, en mi meditación y en mis oraciones, siempre agradezco mentalmente y desde mi corazón lo que la vida me depara. Sin embargo, el solo hecho de, además, escribir mis agradecimientos, dio poder a los beneficios invisibles de la gratitud.

Al final de cada mes, releía lo que había escrito y me daba cuenta de cuánto vivimos, tenemos y sentimos en nuestra existencia que es fundamental agradecer y comprender, pues cada experiencia nos convierte en lo que somos, nos enseña resiliencia y nos acerca más al amor incondicional.

Hasta el día de hoy escribo en un diario de gratitud, te animo a hacerlo también.

En estos dos capítulos anteriores hemos explorado el efecto de las palabras en el alma, aunque ya sabemos que el lenguaje impacta a nuestro ser completo.

Las palabras atraviesan nuestros pensamientos, nuestras emociones, nuestro cuerpo y también nuestra dimensión espiritual.

En el siguiente capítulo exploraremos una dimensión de las palabras orientada a dirigir conscientemente ese impacto interior.

Existe un aspecto del lenguaje que trabaja a través de herramientas concretas como la palabra escrita. Veamos.

CAPÍTULO CINCO
EL LENGUAJE QUE TRANSFORMA EL SER

El poder de nombrar

Nombrar parece un acto simple, algo cotidiano, casi automático. Sin embargo, si observas con atención, descubrirás que no es así. Nombrar es uno de los gestos más profundos que hacemos como seres humanos.

Desde el momento en que alguien o algo recibe un nombre, deja de ser neutro, adquiere forma, identidad, significado, se vuelve parte de tu mundo interno.

La ciencia ha comenzado a explorar esto con más detalle. Un estudio reciente, de 2025, publicado en Journal of Economic Behavior & Organization por los investigadores Grundmann, Rockenbach y Werner mostró que los nombres propios no son etiquetas vacías. Al escuchar un nombre, las personas activan automáticamente asociaciones sobre personalidad, características sociales e incluso competencias. Es decir, un nombre evoca una historia antes de conocer a la persona y sin darte cuenta, ya estás interpretando. Esto abre una pregunta poderosa:

¿Cuánto de lo que percibes de alguien está influido por su nombre... y cuánto de lo que tú eres está influido por el tuyo? Nombrar no solo describe, también condiciona.

Lo interesante es que este fenómeno no se limita a las personas. En psicología cognitiva, se ha observado que muchas personas dan nombres a objetos cotidianos como su auto, su computadora o incluso su casa.

Un estudio del año 2021, del psicólogo cognitivo, Serge Brédart encontró que quienes nombran objetos tienden a desarrollar un vínculo emocional más fuerte con ellos. No es necesario creer que el objeto tiene vida para que ese vínculo ocurra. El simple acto de nombrar ya transforma la relación.

Otros estudios sobre antropomorfismo muestran que cuando atribuimos cualidades humanas a objetos, aumenta el apego, el cuidado y el sentido de identidad que proyectamos en ellos. Nombrar algo lo vuelve más cercano, más significativo, más presente en tu experiencia. Nombrar, entonces, crea relación y tal vez por eso, desde tiempos antiguos, nombrar ha sido considerado un acto de poder, porque cuando nombras, no solo señalas algo que ya existe, sino que además participas en cómo ese algo es percibido, sentido y vivido.

Si esto ocurre con un nombre, imagina lo que sucede con el lenguaje completo que usas cada día.

En los capítulos anteriores, hemos profundizado en el efecto de las palabras en la mente, el cuerpo y el alma. Los temas tratados nos han ido llevando de la mano a comprender que el lenguaje que usamos, con nosotros mismos y con otros, puede elevarnos, hacernos bien o todo lo contrario. De hecho, una sola palabra puede cambiarlo todo en una conversación o en una agitada discusión.

El lenguaje tiene ese poder efectivo de transformarnos y esto no es nuevo, ya se conocía en la antigüedad, cuando los filósofos eran, en cierto modo, los grandes referentes de la humanidad. Como ejemplo, tenemos el concepto de retórica, definida por Aristóteles como el arte de expresarse con elocuencia para persuadir. Este principio sigue vigente hoy, en la política, en las reuniones de trabajo y en nuestras conversaciones cotidianas. Tenemos un pensamiento, una idea y acudimos a nuestros recursos internos para expresarla e incluso sostenerla frente a otros.

La palabra hablada tiene un peso evidente, sin embargo la palabra escrita también lo tiene, ambos aspectos se entrelazan en una danza invisible que acompaña cada día de tu vida.

Entonces, es justamente en este punto donde prácticas como los mantras, las afirmaciones y los decretos cobran sentido. No son simples repeticiones, son formas de utilizar el lenguaje de manera consciente, de dirigir la palabra hacia una intención. Si nombrar ya transforma la manera en que percibes, solo piensa en qué sucede cuando eliges deliberadamente las palabras que repites, escribes y sostienes en tu mente. Veamos...

La escritura como terapia

Escribir es una forma potente de expresar nuestros sentimientos y experiencias sin tapujos y desde el corazón. Es más, desde el punto de vista científico, escribir tiene el potencial de disminuir los síntomas de la depresión, el estrés y la ansiedad, además de ayudarnos a percibir los problemas desde otro estado más elevado de consciencia.

Las investigaciones de la ciencia han comprobado que la escritura puede beneficiar a las personas que padecen de ciertas características asociadas con la falta de autoestima y confianza.

El sentirse menos capaz, el no sentirse aceptado, el sentir que no hay propósito en la existencia, lleva a las personas a vivir en sufrimiento.

Pues bien, escribir sobre lo que se siente, sobre experiencias, en general sobre lo que no podemos expresar con la palabra hablada, ayuda a ordenar los pensamientos, a ver los problemas desde otro prisma y a sentir alivio, casi inmediato, al sacar de nuestro interior eso que hemos tenido atascado en nuestra mente y corazón.

Escribir, también, es de gran apoyo para las personas que han vivido una situación traumática, pues se puede procesar eventos o situaciones de manera más clara. En este sentido, la escritura se transforma en una herramienta terapéutica. Por otro lado, escribir sobre las cosas que nos hacen felices nos alienta a permanecer motivados, en actitud positiva y nos recuerda el gran poder interior que tenemos.

La escritura también puede ser útil para el auto-conocimiento, en otras palabras, para adentrarnos en nosotros mismos. No es una herramienta nueva, se ha utilizado por miles de años como forma de expresión interior y se puede decir con propiedad que es una poderosa vía para conectarnos con nuestro yo espiritual, con nuestra alma. Lo divino y sagrado en nosotros se expresa profundamente cuando nos conectamos con lo que llamamos Fuente o el Uno y la escritura nos brinda la posibilidad de llegar al fondo de sentimientos, emociones, creencias y pensamientos de una forma más intensa y personal.

La relación entre la escritura y el alma ya se mencionaba en tiempos de la Grecia antigua, por ejemplo, Aristóteles, en su obra "La Poética", sostuvo que la literatura ayuda a mejorar el alma de las personas, pues se produce un proceso de identificación con los personajes de un libro, lo que lleva a un aprendizaje interno. Además, Aristóteles dijo que los poetas tienen la capacidad de capturar lo esencial de la vida.

En mi propia experiencia, escribir, y también leer, ha abierto puertas en mi universo interno que de otra manera tal vez no habría abierto, por no ser capaz de ver dichas puertas. La escritura ha sido la llave para abrir la cerradura de mi alma.

Ahora bien, al liberar nuestros pensamientos, sentimientos y emociones, sean de naturaleza positiva o negativa, a través de la escritura, logramos convertirnos en observadores de nosotros mismos, dándonos perspectiva y espacio para encontrar soluciones a situaciones que lo requieren y para evaluar lo que deseamos mantener o eliminar en nuestra vida. El solo hecho de escribir produce calma en nuestro interior, somos capaces de elevarnos por sobre los vaivenes de la vida y observarnos desde ahí y, entonces, el proceso de sanar comienza a asentarse.

La escritura, por otra parte, definitivamente despierta la creatividad. No olvidemos que esencialmente, los humanos somos seres creadores, lo que implica la capacidad de producir los resultados de nuestra propia vida. Al escribir, esta capacidad aumenta considerablemente, pues podemos ver en palabras aquellas áreas que deseamos re-crear y también crear por primera vez. Expresamos así nuestro estilo propio e individual. La escritura nos motiva a organizar nuestros pensamientos, ideas y sentimientos de forma lógica y sensata para nosotros mismos, tal vez, no necesariamente para los demás, pero lo suficiente para que nosotros podamos entendernos.

Asimismo, el leer lo escrito nos ayuda a ver el mundo de una manera diferente, a procesar nuestras experiencias desde el punto de vista de un lector que lee sobre las vicisitudes del personaje principal y logra ver para dónde puede ir el desenlace de la novela. Desde este punto de vista, entonces, al escribir podemos usar nuestra creatividad y cambiar o modificar dicho desenlace para nuestro beneficio.

De acuerdo al reconocido psicológico Mihaly Csikszentmihalyi, padre de la teoría de "flow" (fluir), el pensar y escribir de manera creativa requiere "una alta capacidad de concentración y un control en la voluntad". Aquí la palabra disciplina entra en juego, pues el crear requiere de consistencia y repetición hasta lograr lo que se desea. La escritora Isabel Allende, por ejemplo, empieza cada 8 de enero a escribir un nuevo libro, hecho que la ha vuelto una escritora muy prolífica y también muy leída en el mundo entero.

Journaling: Las ventajas de escribir un diario de vida

Todos aquellos que me conocen bien saben que la escritura es parte de mi vida desde que era una niña. Me encanta el proceso creativo que se desencadena en mi mente y en mi corazón al momento de escribir y esto es lo que me motiva a publicar mi blog, a escribir para revistas y periódicos, tanto en español como en inglés, es lo que me motiva a escribir y publicar libros. Hace ya algunos años agregué a mi cajón de herramientas de desarrollo personal el llamado Journaling.

El concepto de journaling no tiene una traducción directa al español, sin embargo, se puede definir como "el arte de plasmar de manera escrita tus pensamientos, ideas, sueños, planes, deseos, gustos y todo aquello que ocupa tu mente y tu corazón en un diario de vida". Por favor, nota que esta es una definición mía, personal, que puede acercarse mucho a otras definiciones, pero que contiene elementos que para mí son fundamentales en el proceso de journaling, como la conjunción de mente y corazón al escribir.

Por otro lado, el journaling tiene múltiples facetas, ya que no es necesariamente un recuento de tu vida. Por ejemplo, yo tengo la costumbre de tomar notas durante todas las reuniones que tengo con personas. Pues bien, al releer estas notas siempre me doy cuenta de que narran una historia, y que muchas veces las palabras se quedan ahí, vibrando, sin embargo, no se transforman en la acción que se requiere para el tema de la reunión, por ejemplo.

Por otra parte, una de las formas en que aprendí a hablar inglés fue escribiendo largas listas de palabras para agregar a mi vocabulario. Las tenía ordenadas en un diario y las repasaba constantemente, añadiendo nuevas cuando era necesario. Es algo que sigo haciendo hasta ahora, pues uno nunca deja de aprender nuevo vocabulario, incluso en la propia lengua nativa.

Beneficios del Journaling

- Reduce el estrés y la ansiedad: Escribir un diario permite concentrarse en el momento presente, ya que coloca tu atención en el acto de escribir, lo que ayuda a dejar de lado, al menos temporalmente, las preocupaciones sobre el futuro o la tendencia a vivir en el pasado.

- Mejora el estado de ánimo y la salud mental en general: Este punto está estrechamente relacionado con el anterior. Escribir un diario con regularidad es una forma de autocuidado que te ayuda a reflexionar sobre tus pensamientos y sentimientos. De hecho, el gran psicólogo James Pennebaker, pionero en los estudios de escritura como terapia, comprobó una y otra vez la mejoría en la salud mental y también física en pacientes que escribían en un diario reflexiones sobre su vida y su salud.
- Aumenta la creatividad y la habilidad para resolver problemas: Escribir un diario ayuda a ver las cosas desde una perspectiva diferente y esto desencadena un nuevo proceso en tu cerebro, ya que se activa en ti la generación de ideas nuevas y creativas. Por otro lado y como mencioné antes, desde el punto de vista del observador se establece una mirada amplia que permite, incluso, encontrar soluciones a problemas que nuestra intrincada mente no nos permite ver en el océano de nuestros pensamientos y que sí se vuelven visibles al escribir.
- Despierta la conciencia de sí mismo y la comprensión interna: Al escribir diariamente o de manera regular tus pensamientos y sentimientos, te vuelves más consciente de ellos y esto, inevitablemente, conduce a una mayor comprensión de ti mismo y de cómo reaccionas ante diferentes situaciones. El conocerse a sí mismo es un paso clave en el despertar de conciencia.
- Fortalece las relaciones: Escribir un diario colabora en el fortalecimiento de tus relaciones amorosas, familiares y de amistad con quienes te rodean. Escribir da claridad y mejora la comunicación de tus pensamientos y sentimientos, brindándote la capacidad de expresarlos

abiertamente y de forma amable. Además, aumenta tu empatía y te permite ver al otro tanto con los ojos de la mente como con los ojos del corazón.

Estos son solo algunos de los beneficios del journaling. Hay muchos más y cada día no solo se comprueban los ya existentes, sino que también se descubren otros nuevos. Vamos ahora a los diversos tipos de journaling que puedes implementar desde ya en tu esfera de acción. Te animo a elegir el que más llame tu atención y el que mejor se acople a tu estilo de vida.

Diario de lecciones de vida. Escribe sobre lo que aprendes cada día, sobre lo que la vida te muestra y te enseña. Reflexionar sobre ello nos impulsa a madurar y a desarrollarnos mejor en todos los aspectos.

Diario de proyectos. Este diario es para explorar tus ideas respecto a tu trabajo, a tu emprendimiento, a tu arte y a todo aquello que desees hacer y que requiera cierta planificación.

Diario de emociones. Escribe enfocándote en tus emociones y sentimientos. Reflexiona sobre el porqué de ciertas emociones recurrentes que pueden no ser beneficiosas, observa lo que escribes y piensa en cómo hacer un cambio si es necesario.

Diario de amor propio y autocuidado. Un espacio para aprender a aceptarte y a amarte. El amor propio te empodera y también te ayuda a amar verdaderamente a otros. Además, puedes reflexionar sobre aquellos que amas y las razones por las cuales los amas, no solamente acerca de relaciones amorosas, sino también sobre tu familia y amistades. Otra alternativa es escribir sobre las cosas que amas hacer.

Diario de viaje. Escribe sobre los lugares que visitas, sobre lo que más te gustó y lo que no, sobre tus sentimientos durante el viaje, sobre recomendaciones y sobre todo aquello que el viaje despierte en ti.

Diario de crianza, maternidad o paternidad. Escribe sobre tu experiencia como madre o padre. Esto te ayudará a entender mejor a tus hijos y a establecer relaciones más profundas y saludables con ellos.

Bullet Journal (diario de organización y productividad). Este tipo de diario es muy efectivo tanto en el trabajo como en la vida en general. El Bullet Journal fue desarrollado por Ryder Carroll, conocido autor bestseller y diseñador digital. Aquí priorizas tus tareas, anotas observaciones y organizas tu tiempo al realizar dichas tareas. Cuando sigues un sistema claro y manejable, reduces el estrés y comienzas a dedicar tiempo efectivo a tu trabajo. De hecho, también mejoras la calidad de tu tiempo libre, haciéndolo más agradable, porque dejas de pensar en lo que no hiciste o en el trabajo pendiente.

Diario de sueños. Nuestros sueños tienen la capacidad de mostrarnos mucho sobre nosotros mismos. Anotarlos y revisarlos puede llevarnos a encontrar respuestas y señales sobre aquello a lo que debemos poner atención en nuestra vida.

Diario de gratitud. La ciencia ha probado que ser agradecida o agradecido nos ayuda a enfocarnos en todo lo positivo y maravilloso que forma parte de nuestra vida. La gratitud trae felicidad, calma y abundancia. Escribir regularmente en un diario de gratitud es uno de los tipos de journaling más poderosos que existen, pues nos entrega una perspectiva elevada de nuestra existencia. Agradecer activa el corazón y lo pone en coherencia. Este es uno de mis diarios favoritos y no me cansaré de repetir su importancia y poder sanador.

Diario de vida. He dejado para el final el llamado Diario de Vida, que es el más conocido, especialmente en el mundo hispanohablante. ¿Por qué? Porque es el más simple y amplio de llevar. Tu vida comprende muchas áreas, y escribir cada día sobre lo que sientes, aprendes, agradeces, planificas y sobre tus vivencias, sin divisiones, es una experiencia que engloba todas las ventajas y beneficios del journaling.

El journaling es tan vasto que, si no ves en esta modesta lista el tipo de journaling que te gustaría practicar, simplemente escribe sobre lo que desees, sobre aquello que tu corazón te indique.

El journaling me llevó a aprender a crear mis propios diarios o journals, incorporando aquellos elementos que considero claves para una buena experiencia con la escritura de diarios. Quise compartir estos diarios con muchas más personas y es por eso que los he publicado en Amazon y están disponibles tanto en español como en inglés. Mi propósito es que este arte se conozca mucho más, especialmente en el mundo hispanohablante. Puedes encontrar más información en mi sitio web.

La importancia de la escritura a mano

Siempre me ha gustado escribir a mano. El contacto del lapicero con el papel produce un sonido agradable y una sensación de satisfacción que permea el corazón y la mente. Es cierto que la tecnología ha contribuido a un incremento de la productividad en la pluma de los escritores y de todas aquellas profesiones que utilizan la palabra escrita como medio de transmisión; sin embargo, la clásica escritura a mano continúa proporcionándonos múltiples beneficios, de acuerdo con la ciencia.

En un estudio publicado originalmente en la revista científica Frontiers in Psychology, que compara la escritura a mano con la escritura en teclado y realizado por los neurocientíficos Audrey van der Meer y Ruud van der Weel, se encontró que escribir a mano produce una conectividad cerebral mucho más amplia y distribuida que escribir en un teclado. Esta diferencia fue especialmente notable en aquellas áreas del cerebro asociadas con procesos de atención, integración sensoriomotora y codificación de información. Según el estudio, esto ocurre porque la escritura con papel y lapicero exige movimientos finos y precisos que integran simultáneamente información visual, planificación motora y retroalimentación sensorial. Esta coordinación compleja activa redes neuronales más amplias que el acto relativamente repetitivo de presionar una tecla. El estudio sugiere, entonces, que esta mayor conectividad cerebral puede favorecer la memoria y una comprensión más profunda de la información.

Asimismo, otro estudio realizado por un equipo interdisciplinario de científicos y publicado por MDPI Life postula que, además de mejorar la memoria y la atención, la escritura a mano fomenta el pensamiento reflexivo y la síntesis de ideas.

Sé bien que a muchas personas no les resulta fácil escribir, pues lo asocian con tarea o trabajo y no con bienestar. Entonces, solo te pido que entiendas que incorporar la escritura en tu vida no es un ejercicio literario ni una obligación. Es una limpieza mental, es aclarar tus pensamientos, es dar dirección a tus deseos. Escribir a mano no requiere grandes bloques de tiempo ni condiciones especiales. Requiere intención.

A continuación, propongo algunas formas simples y realistas de integrar la escritura en tu día a día.

<u>¿Cómo incorporar la escritura a mano en tu rutina diaria?</u>

- Crea un breve ritual por la mañana: Dedica cinco minutos al despertar para escribir sin filtros. No es un ejercicio literario, es una limpieza mental. Tus preguntas guía pueden ser: ¿Cómo me siento hoy? ¿Qué necesito? ¿Cuál es mi intención para este día? Este pequeño espacio ordena la mente antes de que el mundo externo tome el control.
- Descarga emocional antes de dormir: Al final del día, escribe lo que quedó pendiente dentro de ti. Algo que te molestó, algo que agradeces, algo que aprendiste. La escritura nocturna ayuda a cerrar ciclos diarios y reduce la rumiación mental.
- Sustituye parte del tiempo digital: En lugar de tomar el teléfono apenas tengas un momento libre, abre un diario. Escribe pensamientos sueltos, reflexiones e ideas. Este cambio sencillo fortalece la atención y te reconecta contigo mismo.
- Lleva un diario contigo: No tiene que ser perfecto ni especial. Anotar intuiciones, frases que te impactan o emociones en el momento en que surgen hace que la escritura se vuelva una parte natural de tu vida y no una tarea adicional.

La ciencia de la manifestación

La palabra manifestar viene del latín *manifestare* y alude a hacer algo palpable, tangible, a tocarlo con la mano.

En mi búsqueda de caminos para llevar el pensamiento a la acción, hace años me encontré con las enseñanzas de grandes maestros espirituales que hablaban de la escritura como parte fundamental del proceso de manifestar. La idea era sencilla: escribir aquello que deseas obtener, transformándolo en una especie de plan o declaración de intención y luego leerlo cada noche antes de dormir, en calma y con atención plena.

Durante años he practicado este ejercicio con excelentes resultados. Sin embargo, mi sorpresa fue enorme al descubrir que esta práctica, aparentemente simple, también posee respaldo científico. La vida puso en mi camino el trabajo del doctor James Doty, uno de los científicos más reconocidos en el estudio de la manifestación desde la neurociencia.

El Dr. Doty fue neurocirujano y neurocientífico en la Universidad de Stanford, fundador del Stanford Center for Compassion and Altruism Research y presidente de la Fundación Dalai Lama. Falleció recientemente y fue homenajeado ampliamente en el mundo anglosajón por sus investigaciones y aportes científicos.

Es autor del libro Mind Magic: The Neuroscience of Manifestation and How It Changes Everything, donde explora la ciencia detrás de la manifestación y la visualización.

El Dr. Doty sostiene que tenemos dentro de nosotros el poder de cambiar nuestras circunstancias. Explica que la manifestación está basada en la neurociencia y la define como la capacidad de tomar una intención e instalarla profundamente en el subconsciente de una manera que aumente significativamente las posibilidades de que ocurra.

Según el Dr. Doty, el proceso comienza pensando claramente en aquello que deseas manifestar y en tus intenciones. Luego, recomienda escribirlas, leerlas en silencio, leerlas en voz alta, visualizarlas y repetir este ejercicio muchas veces. La repetición transforma esta práctica en un hábito y los hábitos crean nuevas vías neuronales. La repetición constante fortalece esos circuitos neuronales hasta que quedan profundamente integrados en el subconsciente, activando diversas redes cognitivas del cerebro que ayudan a orientar nuestras acciones, decisiones y atención hacia aquello que deseamos crear.

El Dr. Doty enfatiza también la importancia de involucrar todos los sentidos en este proceso. Escribir las intenciones, pronunciarlas, visualizarlas y repetirlas una y otra vez genera una experiencia multisensorial que facilita que dichas intenciones se graben profundamente en nuestra mente. Sin embargo, hay un aspecto esencial en sus enseñanzas que considero profundamente importante: pensar también en los demás al momento de establecer nuestras intenciones. Es decir, reflexionar sobre cómo aquello que deseamos podría beneficiar a otras personas, este solo hecho nos llama a ser generosos y a tener un sentido de conexión con los demás.

En cuanto a la visualización, en una columna que escribí para la revista Ascension Lifestyle Magazine titulada El Arte de la Visualización, digo lo siguiente: "La visualización es el proceso de crear una imagen de algo o alguien en nuestra mente, según las definiciones de diccionario. Hoy en día, la palabra visualización está por todas partes, muy asociada con la Ley de la Atracción. Sin embargo, la visualización es una herramienta en sí misma que debe usarse con sabiduría.

La mayoría de nosotros hemos experimentado la sensación de ver un evento en nuestra mente y luego esa situación, creada energéticamente, manifestarse en nuestra vida física. En este sentido, lo que vemos, pensamos y creamos en nuestra mente tiene el potencial de volverse tangible, de existir en este mundo real, independientemente de si dicha creación es buena o mala. Por lo tanto, se requiere un uso sensato del arte de la visualización."

El poder de las afirmaciones, decretos y mantras

En los últimos años se ha popularizado el uso de afirmaciones positivas para fortalecer la autoestima y la confianza. En el ámbito del desarrollo personal y la espiritualidad se habla con frecuencia del poder de repetir palabras con intención, ya sea en forma de afirmaciones, decretos o mantras. Sin embargo, esta práctica no es nueva, es ancestral.

La repetición consciente de la palabra ha acompañado a la humanidad desde tiempos remotos. El chanting, por ejemplo, del que ya he hablado en otro capítulo, ha sido practicado durante siglos en tradiciones tibetanas, indias y en muchas otras culturas como una vía de concentración, elevación espiritual y transformación interior. La palabra repetida no es solo sonido, es vibración, intención y dirección de la mente.

Pero antes de profundizar en su efecto, vale la pena comprender qué estamos diciendo cuando hablamos de afirmaciones, decretos y mantras.

La palabra afirmación proviene del latín *affirmatio*, que significa asegurar, hacer firme, dar firmeza. Afirmar es volver sólido algo. Es sostener una idea hasta que toma forma dentro de nosotros. Cada vez que afirmas algo, estás fortaleciendo una estructura interna.

La palabra decreto proviene del latín *decretum,* que significa decisión o resolución determinada por una autoridad. Decretar implica determinación, es una declaración que no duda. En el plano interior, decretar es asumir autoridad sobre el propio pensamiento y dirigirlo con intención consciente.

La palabra mantra tiene origen en el sánscrito. Está compuesta por *man,* que significa mente, y *tra,* que puede traducirse como instrumento o protección. Un mantra es, literalmente, un instrumento para la mente. Una herramienta que la enfoca, la protege o la guía.

Cuando unimos estas tres dimensiones comprendemos algo profundo: esto se trata de usar la palabra como herramienta de dirección mental, de decisión interior y de construcción de realidad. La palabra repetida crea realidad, no por magia, sino porque moldea el pensamiento, la emoción y la conducta. Todo lo que pensamos, sentimos y hacemos termina trazando el rumbo de nuestra vida.

Beneficios de las afirmaciones según la ciencia

Durante mucho tiempo se pensó que las afirmaciones eran simples frases motivacionales. Palabras bonitas para repetirse frente al espejo. Sin embargo, la investigación psicológica y neurocientífica ha comenzado a mostrar que ocurre algo más profundo cuando una persona practica afirmaciones de manera consciente.

Diversos estudios sobre auto afirmación han encontrado que las afirmaciones centradas en valores personales y fortalezas reales pueden aumentar el bienestar psicológico y fortalecer la autoestima. La idea no es negar la realidad, sino recordar quién eres cuando el miedo o la autocrítica intentan definirte. Las personas que practican este tipo de ejercicios muestran mayor estabilidad emocional y una percepción más sólida de su propio valor.

La investigación también señala que las afirmaciones reducen la respuesta defensiva frente a situaciones consideradas difíciles. Cuando una persona reafirma aspectos centrales de su identidad, su cerebro responde con mayor apertura y menos resistencia ante información difícil. Es decir, se reduce la reactividad y aumenta la regulación emocional.

Estudios con neuroimagen han mostrado que al practicar afirmaciones se activan áreas del cerebro asociadas con el procesamiento del yo y con circuitos de recompensa. Esto sugiere que reafirmar valores personales no es solo un acto cognitivo, sino una experiencia que involucra sistemas profundos relacionados con motivación y significado.

También se ha observado que las afirmaciones pueden influir en la conducta. Cuando una persona fortalece internamente su identidad y sus valores, aumenta la probabilidad de tomar decisiones alineadas con su bienestar, como adoptar hábitos saludables o sostener cambios importantes. La palabra repetida comienza a organizar la acción.

En términos de aprendizaje cerebral, la repetición consciente favorece la consolidación de nuevas conexiones neuronales.

Como ya he mencionado antes en el primer capítulo de este libro, el cerebro aprende por repetición. Si repetimos autocrítica, fortalecemos autocrítica. Si repetimos afirmaciones coherentes y emocionalmente creíbles, fortalecemos nuevas rutas mentales.

Aquí aparece una distinción importante: las afirmaciones no funcionan como fórmulas mágicas. Funcionan cuando están conectadas con valores reales, con intención consciente y con práctica constante. Lo fundamental es sembrar pensamientos que puedan echar raíces. La palabra afirmada con coherencia comienza a moldear la percepción y, en mi experiencia, lo que percibimos, lo vivimos.

¿Son lo mismo los decretos y las afirmaciones?

En el lenguaje del desarrollo personal y de la espiritualidad solemos diferenciar entre afirmaciones y decretos. Sin embargo, cuando entramos en el terreno de la investigación científica, esa distinción prácticamente desaparece. La literatura académica habla principalmente de afirmaciones positivas o auto afirmación. Bajo estos términos se agrupan prácticas que, en el uso popular, muchas veces también reciben el nombre de decretos. Para la ciencia, ambas prácticas operan de manera muy similar: implican la repetición intencional de declaraciones relacionadas con valores personales, identidad o percepción de uno mismo. Los decretos han sido absorbidos conceptualmente dentro del campo de las afirmaciones.

Una revisión publicada en 2025 que integró 67 estudios encontró que escribir o repetir afirmaciones positivas produce un impacto significativo en la forma en que las personas se perciben a sí mismas y en cómo se relacionan con los demás.

Los efectos son moderados, pero consistentes. Es decir, no son milagrosos, pero sí reales y medibles.

Es importante, por otra parte, destacar que cuando el nivel de autoestima de una persona es muy bajo, repetir afirmaciones que no resultan creíbles para dicha persona puede no generar beneficio e incluso producir malestar. Esto confirma, en mi opinión, algo fundamental: la palabra transforma cuando está alineada con una experiencia interna posible.

Recalco, nuevamente, que no se trata de repetir frases vacías, sino que se trata de construir coherencia interna, de sentir la afirmación en el corazón, de hacerla parte de ti.

Afirmación, decreto y llamado desde lo espiritual

En el ámbito de la espiritualidad es común hacer una diferencia entre afirmación, decreto y llamado.

Recordemos que un decreto es una afirmación de poder y de certeza, una frase con sentido de punto final, es decir, contundente, que posee la convicción de nuestro yo superior. Con un decreto buscamos deshacernos de obstáculos para manifestar algo que deseamos. Normalmente, se puede iniciar con la frase "yo decreto que...".

Con respecto a las afirmaciones, desde lo espiritual, una afirmación es una forma de dar seguridad a pensamientos y emociones dentro de nosotros mismos. Es también una manera de cambiar creencias que nos limitan, ya que, como dice la ciencia, una afirmación positiva tiene la capacidad de reprogramar nuestra mente y, me atrevería a decir, también nuestro corazón.

La palabra llamado viene del latín *clamare* y significa invocar, rogar o gritar. También se asocia a la palabra griega *kaleo*, cuyo significado es invocar o invitar. Desde el punto de vista espiritual, un llamado es una invocación a la divinidad, una petición a lo alto, a los ángeles, arcángeles, a Dios o a la presencia divina para solicitar guía y asistencia, generalmente frente a una situación particular que requiere solución.

Parte de mi trabajo con las palabras ha sido crear cartas de afirmaciones que colaboran en el proceso de elevar nuestra autoestima y confianza. Asimismo, he escrito un libro de afirmaciones llamado Palabras para el Alma, que está disponible en Amazon.

Beneficios de los mantras según la ciencia

Las investigaciones actuales muestran que la práctica regular de mantras tiene efectos medibles en el bienestar mental y físico.

Diversos estudios han encontrado que la repetición consciente de un mantra reduce significativamente el estrés y la ansiedad. Las personas que practican con constancia presentan menor reactividad emocional frente a situaciones desafiantes y una mayor sensación de estabilidad interior.

También se han observado disminuciones en síntomas depresivos y mejoras en el estado de ánimo general. La repetición rítmica ayuda a interrumpir la rumiación mental, ese flujo constante de pensamientos que suele alimentar preocupación y tensión.

En el plano fisiológico, la práctica de mantras se ha asociado con reducción de la presión arterial y con una mejor regulación del sistema nervioso autónomo. Se han registrado mejoras en la variabilidad de la frecuencia cardíaca, indicador clave de resiliencia y equilibrio emocional.

A nivel cognitivo, algunos estudios reportan mejoras en la atención sostenida y en la capacidad de concentración. La mente se vuelve menos dispersa, menos fragmentada, pues el mantra actúa como un ancla. Además, investigaciones que han observado la actividad cerebral durante la repetición de mantras muestran patrones asociados con estados de relajación profunda y enfoque consciente. Es decir, no solo se experimenta calma subjetiva, sino que el cerebro refleja esa regulación.

En conjunto, la evidencia sugiere que el mantra funciona como una herramienta de regulación mental y emocional. No es únicamente una práctica espiritual, es un entrenamiento de la atención y del sistema nervioso. La repetición sostenida reorganiza la mente.

Con el fin de afirmar en ti la utilidad y el poder de los mantras, las afirmaciones, los decretos y los llamados, he entrevistado a Bettina Noack. Bettina posee una amplia experiencia, de más de veinte años, en la práctica de mantras a través del yoga. Es instructora de yoga y maestra de otros instructores, vive en Alemania y es, además, creadora del curso Las Siete Puertas y anfitriona de retiros de yoga en Europa.

¿Qué papel tienen los mantras dentro del yoga?
Los mantras son la expresión vibracional de una verdad que es difícil de comprender con la mente, pero que deseas instalar,

conocer y activar en ti. Un mantra puede entenderse como una especie de software multidimensional que, a través de la vibración del canto, te ayuda a integrar una gran verdad universal y comienza a reacomodar tu mundo interior para entregarte esa verdad superior.

Por eso, desde la lógica, es tan importante comprender que algo tan sutil como una melodía puede cambiar tu vida. Lo importante es sentir si el mantra resuena contigo, si hay algo en él que te hace sentir mejor, más concentrado, liviano, feliz, equilibrado, con sentimientos de paz y armonía. Entonces, es un mantra para ti.

El primer mantra que conocí y que muchas personas hoy reconocen, es el mantra OM. Con este mantra puedes conectarte con la eternidad del universo y traerla hacia ti o, mejor dicho, activar en ti esa eternidad que eres. OM es considerada la vibración original del universo, el sonido primordial. Es símbolo de unidad, totalidad y conexión con lo divino. Cuando OM se canta en grupo y las voces se unen en esta vibración del cosmos, la mente se detiene y las células del cuerpo parecen sumergirse en el origen del universo. Es realmente hermoso sentir el poder del mantra OM.

OM: vibración del universo
AUM: vibración del universo en la naturaleza
AHAM: vibración del universo en el ser humano

El sánscrito, idioma en el que están escritos los mantras y que es una de las lenguas madre, transfiere significado a través del sonido. Es decir, incluso sin procesarlo racionalmente a través de la mente, se puede percibir su significado. Parece magia, sin embargo, es realmente tecnología y conocimiento profundo que podemos aplicar en nuestra vida.

En forma descendente, después de la vibración o del sonido, se manifiesta la escritura, que es forma. Aquí, entonces, la forma y el dibujo transmiten el significado. Te animo a buscar, mirar y observar el símbolo del mantra OM.

¿Qué significa yoga?

Yoga significa reconexión. También puede entenderse como unión. ¿Reconexión con qué? Con todos los aspectos de tu ser. Reconexión con aquello que no ves, pero que es parte de ti.

El yoga está compuesto por una serie de prácticas para el cuerpo, la mente y el alma. Es un sistema que te ayuda no solo a sobrevivir en este mundo, sino también a caminar por la vida de manera consciente, para alcanzar un estado de plenitud permanente.

El yoga es como una gran caja de herramientas para el cuerpo, la mente y el alma. Estas herramientas las vas incorporando de acuerdo con tu propio proceso. Por ejemplo, el Hatha Yoga, conocido por muchos, es el yoga orientado al cuerpo. Las posturas o asanas están diseñadas para fortalecerlo y flexibilizarlo. Al practicar asanas vas dándote cuenta de la importancia de la respiración y de cómo esta afecta tanto a tu cuerpo como a tu mente. Poco a poco vas conociendo el pranayama, las técnicas de respiración que pueden ayudarte a liberar tensiones y cargas mentales. Luego te interesas más, aprendes mantras, Bhakti Yoga, o lees textos como los Yoga Sutras o el Bhagavad Gita, Jnana Yoga. Después descubres el poder del silencio y de la meditación, y así te das cuenta de que el yoga te ofrece infinitas herramientas para reconectarte con tu esencia.

Como anécdota, puedo contar que conecté con el yoga por casualidad. En mi gimnasio, en Nueva York, por el año 2001, habían cambiado la clase de ejercicios a la que asistía cada semana por una clase de yoga. Como mi tiempo era limitado, decidí entrar igualmente. Me aburrí durante sesenta minutos, pero cuando estaba en la ducha sentí algo distinto en mi cuerpo: mi circulación se había activado y mi mente estaba despejada. Pues bien, obviamente esto captó mi interés y así comenzó mi camino en el yoga.

¿Qué mantra ha tenido un impacto más significativo en tus clases y retiros con estudiantes? ¿Qué mantra recomendarías practicar a los lectores de este libro y por qué?

Uno de los mantras más antiguos que se conocen es el Gayatri Mantra. Proviene del Rigveda, uno de los textos más antiguos de la humanidad, aproximadamente entre los años 1500 y 1200 a. C. Este mantra está dedicado a una deidad solar que representa la luz como energía vital: Savitr. Este mantra te conecta con el poder dador de vida del sol, con la luz divina de tu alma, para que ilumine tu camino y, sobre todo, tu mente. Yo diría que este mantra es un "básico", algo así como una blusa blanca o una polera blanca en tu clóset. Es uno de esos entendimientos esenciales que transforman tu visión, que pueden combinarse con todo tipo de verdad y que nunca dejan de asombrarte. En los talleres de yoga y en las formaciones de profesores, el Gayatri Mantra toma un rol de iniciación. Cuando lo cantas sumergiéndote completamente en reverencia hacia ese sol, toda esa luz queda a tu disposición para iluminar por dentro y ayudarte a aclarar las cosas. Es este poderoso mantra básico el que puedo recomendar incluso a los niños, quienes capturan rápidamente su poder benevolente.

Gayatri Mantra:
Om Bhur Bhuvah Svaha
Tat Savitur Varenyam
Bhargo Devasya Dhimahi
Dhiyo Yo Nah Prachodayat
Significado de cada palabra del mantra:
Om: Sonido primordial o universal
Bhur: Plano físico. Tierra
Bhuvah: Plano mental. Atmósfera
Svaha: Plano espiritual. Cielo
Tat: Aquello. La Realidad Última
Savitur: El Sol, fuente de luz y vida
Varenyam: Adorable
Bhargo: Resplandor, iluminación
Devasya: Gracia divina. Refulgencia
Dhimahi: Meditamos
Dhiyo: Intelecto. Mente
Yo: Aquel que
Nah: Nuestro
Prachodayat: Ilumine

El mantra Shanti, o Paz, que tradicionalmente se repite tres veces, también es uno de mis favoritos y puedo recomendarlo especialmente en estos tiempos de gran confusión. Crea un ambiente de tranquilidad interna que tiende a expandirse hacia el entorno.

Personalmente, no tengo un mantra único. A estas alturas los uso de manera instintiva. Los escucho, los canto y los medito, repitiéndolos 108 veces con una mala, que es una especie de rosario hindú compuesto por 108 perlas o semillas.

¿Hay algún mantra o concepto del yoga que haya transformado tu vida personal?

Con la práctica del yoga te inscribes en una transformación constante, por eso es difícil decir qué concepto o herramienta es la que más me ha transformado.

Sin embargo, hay una definición de yoga que cambió profundamente mi enfoque. Es una definición más bien tántrica: "Yoga is skill in action", que se traduce como "El yoga es la destreza en acción". Esta frase invita a actuar en la vida. No significa solamente sentarse en la cima de una montaña para estar tranquilo y meditar. Esta definición impulsa a la acción correcta, ya que sugiere actuar con atención plena y sin apego a los resultados.

El yoga busca incorporar equilibrio mental y emocional en nuestras acciones, es decir, invita a hacer las cosas con claridad, propósito y serenidad, siempre.

El yoga quiere llevarte a un estado permanente de conexión con esa parte divina que habita en ti, la parte que sabe y actúa desde lo más elevado. Pues bien, ahí vamos, paso a paso, aprendiendo a conocernos mejor en el camino y quizá, algún día, actuando con la destreza de un yogui realizado.

Namasté, mi luz divina, que es la misma que la tuya, te saluda.

Bettina

RELATOS PERSONALES

Tarjetas mágicas

El siguiente relato es parte de una columna que escribí para el periódico chileno The Clinic.

"Hace años, uno de mis mellizos se enfermó gravemente. La enfermedad causó estragos en su joven cuerpo y en su salud mental. Se recuperó después de un tiempo; sin embargo, su ánimo demoró bastante más en mejorar. Por supuesto, ver a nuestra hija triste y sufriente nos afectaba a todos en la casa, y mi corazón estaba constantemente apretado y en estado de alerta.

Cierto día, tuve una inspiración que me llevó a escribir pequeñas tarjetas con mensajes de aliento. Diariamente escribía una tarjeta que colocaba en una cajita y que esperaba a mi retoño cuando volvía del colegio. Con el paso del tiempo, y con la ayuda de doctores y terapeutas, se recuperó totalmente.

Años después, en una conversación, mi hija me dijo: "Mami, no sabes cuánto agradezco las tarjetas que escribías para mí cada día. Tus palabras tuvieron un efecto muy positivo y son parte de mi mejoría".

Esa conversación fue una suerte de comprobación del efecto que las palabras tienen en nosotros, especialmente cuando estamos creciendo. Me hizo recordar aquellas palabras duras escuchadas durante mi infancia y también aquellas llenas de amor. Al traerlas a mi memoria, volví a sentir en mi cuerpo y en mi corazón las sensaciones de esas palabras."

Inspiración Mántrica

Bettina Noack, quien es una gran amiga mía, un buen día, cuando yo estaba comenzando a escribir este libro durante la primera mitad del año 2025, después de un año de investigación, me envió un audio para escuchar un mantra cantado llamado Moola Mantra.

La voz calmada y armoniosa de la artista que interpretaba el mantra produjo en mí la inspiración de iniciar cada día la escritura de este libro acompañada por este Moola Mantra.

Con el paso del tiempo, me fui dando cuenta de que el solo hecho de repetirlo algunas veces y de seguir escuchándolo mientras escribía me aportaba inspiración y disciplina para continuar con mi tarea.

La escritura se me hacía más liviana y podía avanzar más, sin las interrupciones típicas que muchos escritores tenemos al revisar constantemente lo escrito.

La incorporación del Moola Mantra a mi rutina como autora ha sido una bendición que agradezco profundamente. En este sentido, te animo a ti, que lees este libro ahora, a conocer este mantra o a buscar uno que resuene contigo.

Los beneficios que podrías obtener de ello son, probablemente, imperceptibles durante un buen tiempo, pero efectivos y duraderos en lo profundo de tu subconsciente.

Comparto contigo aquí el Moola Mantra y su explicación, tal y como me fue entregada por Bettina Noack.

Moola Mantra

OM
SAT CHIT ANANDA
PARABRAHMA
PURUSHOTHAMA
PARAMATMA
SHRI BAGAVATHI SAMETHA
SHRI BAGAVATHE NAMAHA

Interpretación de Bettina del Moola Mantra:

"El significado del Moola Mantra se va revelando según lo que necesites en un momento específico de tu vida.

Es un mantra que conduce al equilibrio y eso es lo hermoso de él, ya que todos necesitamos equilibrar algún aspecto de nuestro cuerpo, de nuestra mente, de nuestro campo emocional o de nuestro campo energético.

El Moola Mantra te lleva directamente a la energía del corazón universal, que está conectada con tu corazón energético, el Anahata Chakra, localizado en el centro de tu pecho. Este chakra del corazón funciona como una brújula interior para guiarte hacia tu realización.

Lo que no tiene forma, SAT, es un poder universal, una energía cargada de conciencia pura, CHIT, y al mismo tiempo de dicha absoluta, ANANDA.

Esta energía se expande en ti al reconocer y recordarte tu aspecto femenino, BAGAVATHI, que da forma y está en constante movimiento, para unirlo al aspecto masculino, BAGAVATHE, lo permanente.

El mantra es como un mapa vibracional cuyo propósito es impregnarte de una verdad eterna y divina.

El Moola Mantra te ayuda a descubrir que todo ha sido creado dentro de un perfecto orden cósmico. A través del canto y de la expansión de esta vibración sagrada, se despierta en ti ese equilibrio interior que te hace sentir en paz y, al mismo tiempo, en éxtasis.

Para mí, el Moola Mantra puede describirse como el espectáculo del amanecer y del atardecer, momentos en los que percibimos la magnitud de la vida en la unión del cielo y la tierra.

Es ese instante mágico entre la noche y el día, cuando lo femenino y lo masculino se unen en amor eterno.

Ese instante se refleja en lo cantado en el Moola Mantra; es una explosión de vida, color, belleza y energía unida a la pureza y eternidad del momento de un amanecer o un atardecer.

Hemos visto el alcance de la palabra escrita y hablada cuando la ponemos en acción."

Ahora estamos llegando al capítulo final de este libro, un espacio donde comparto algunas palabras que han guiado mi camino y que, quizás, también puedan acompañarte a ti en distintos momentos de tu vida.

Te invito a leer este último capítulo con calma, permitiendo que aquellas palabras que resuenen contigo encuentren también un lugar en tu corazón.

CAPÍTULO SEÍS
LAS PALABRAS QUE EL VIENTO NO SE LLEVA

Hay palabras que son fundamentales en la experiencia de vida de cada uno de nosotros. Son palabras que han dejado huella en el alma, la mente y el cuerpo, vienen siempre a la memoria. Algunas nos provocan alegría, añoranza y una sonrisa, otras nos duelen o nos avergüenzan y deseamos borrarlas furiosamente con una goma. Existe una famosa canción que dice "palabras, tan solo palabras", habla de un amor despechado y en ese contexto se entiende. Sin embargo, el quid de la cuestión es que las palabras no son solo eso y aunque quisiéramos que muchas fueran arrastradas por el viento, lo cierto es que se quedan dando vueltas en los rincones ocultos de nuestro ser.

En este capítulo, deseo hacer un humilde homenaje a mi primer libro acerca del poder de las palabras, publicado el año 2020, en medio de la pandemia y cuyo título es Hábitos Positivos, 21 Palabras Que Transforman Tu Vida Diariamente. Escribí este libro corto como un acompañamiento del curso del mismo nombre que dicté durante un par de años en idioma inglés y del que sigo recibiendo lindos mensajes de diversas personas acerca de cómo encontrar 21 palabras cercanas a ellos los ha beneficiado y les ha traído más comprensión de su manera de usar el lenguaje. Por esta razón, comparto contigo 21 palabras que son fundamentales en mi existencia, palabras que espero resuenen contigo y las veas desde esta nueva perspectiva. En esta lista hay palabras que requieren más o menos explicación de mi parte, según sea el caso. Estas 21 palabras pueden dar paso a muchas más, tal y como lo propone el sistema planteado en mi curso y libro.

1.- **Abrazo**: Viene del español antiguo *abraçar*, derivado de brazo, con el prefijo *a* que indica aproximación o contacto. Su significado nos habla de la acción de ceñir con los brazos en señal de afecto.

Esta palabra revela algo muy sutil y hermoso: un abrazo, en esencia, es llevar a alguien hacia uno mismo con los brazos, un gesto físico que con el tiempo también se volvió un símbolo de cariño. En mayor o menor medida, todos disfrutamos de un abrazo sincero y apretado, de hecho un abrazo tiene el poder de calmar, consolar y demostrar amor. El abrazo ocurre como una demostración interna de nuestra alma que lo da y lo recibe como un tributo a los que están presentes en nuestra vida. Hay abrazos memorables que nos hacen estremecer de alegría y calidez. Esos son los que te invito a dar y a recordar.

2.- **Acuerdo**: Viene del latín *accordare*, que significa poner en armonía, hacer concordar. Su significado nos habla de una resolución tomada en común, de la conformidad entre dos o más personas.

Esta palabra encierra una invitación profunda a la armonía. Un acuerdo no es solo ceder ni imponer, es crear un espacio donde ambas partes pueden existir sin anularse. Es un acto de escucha, de apertura, de disposición a comprender más allá de la propia perspectiva. Acordar implica madurez emocional, reconocer que no siempre se trata de ganar, sino de construir. Llegar a un acuerdo nos aleja de la rigidez con la que nos aferramos a una única forma de ver la realidad, amplia nuestra manera de pensar.

También existen los acuerdos internos. Esos momentos en los

que decides dejar de pelear contigo mismo, de aceptarte más, de resistirte a lo que sientes. Un acuerdo interno hace que te relajes y que la vida fluya mejor. Pregúntate:
¿Dónde puedo elegir hoy el encuentro en lugar de la separación?

3.- **Amabilidad**: Viene del latín *amabilitas*, que significa digno de ser amado. Su significado se refiere a la cualidad de ser amable, de ofrecer un trato afectuoso y agradable.

La amabilidad es una expresión cotidiana del amor que no busca recompensa, es una forma de estar en el mundo que suaviza la experiencia propia y la de los demás. Ser amable no es ser débil, es ser consciente, es elegir responder con respeto incluso cuando sería más fácil reaccionar con dureza, es mirar al otro más allá de sus actos, recordando que todos cargamos historias invisibles. Sin embargo, quizás lo más importante, es que la amabilidad también es hacia ti, está en la forma en que te hablas cuando te equivocas, en cómo te acompañas cuando algo duele, en la paciencia que te ofreces mientras aprendes.

En una columna que escribí para el periódico The Clinic titulada La violencia de cada día digo:

"Una palabra amable no cuesta nada, es imprescindible que cambiemos el vocabulario que usamos en la casa, con nuestros niños, con nuestros seres queridos y no solamente en el hogar, sino que también cuando estamos en una tienda, en el banco o en cualquier otro lugar, preguntémosle al vendedor, al cajero, al colega en el trabajo cómo está, deseémosle un buen día, tarde o noche. Nos daremos cuenta de que no solo nos tratan mejor, sino que se eleva inmediatamente la vibración de esa persona y lo que es más, automáticamente se eleva nuestra propia vibración y bienestar."

4.- **Atención**: Viene del latín *attentio*, que significa tender hacia algo. Su significado es la acción de atender, de dirigir la mente o el espíritu hacia un punto.

La atención es uno de los recursos más valiosos que tienes, porque determina tu experiencia de vida. Aquello a lo que atiendes se expande, toma fuerza, se vuelve significativo. Muchas veces vivimos en piloto automático, con la mente dispersa entre el pasado y el futuro. Sin embargo, la atención te devuelve al presente, al único lugar donde realmente ocurre la vida.

Prestar atención es también un acto de responsabilidad interna. Significa elegir conscientemente en qué pensamientos te quedas, qué emociones alimentas, qué historias decides seguir repitiendo. En el Método Cyclopea existe una frase icónica: donde está tu atención es lo que entra en tu vida y si tienes el sentimiento de aceptación, se hace tuyo.

Hazte esta pregunta con honestidad:
¿Estoy prestando atención a lo que me nutre o a lo que me desgasta? Tu respuesta puede llevar a un cambio real en tu forma de percibir y enfrentar la existencia.

5.- **Ayuda**: Viene del latín *adiuvare*, que significa asistir, socorrer. Su significado es la acción de ayudar, de ofrecer apoyo o auxilio.

La ayuda rompe la ilusión de que debemos poder con todo

solos. Nos recuerda que somos seres interdependientes, que necesitamos de otros y que otros, a su vez, pueden necesitar de nosotros. Hay una gran fortaleza en pedir ayuda, pues implica reconocer un límite, abrirse, confiar. Asimismo, también existe una gran generosidad en ofrecerla, en estar disponible sin invadir, en acompañar sin imponer. Ayudar no siempre es resolver o solucionar, a veces es simplemente estar, escuchar, sostener, validar. Permítete recibir tanto como das, ya que en ese equilibrio, la vida se vuelve más liviana.

6.- **Coherencia**: Viene del latín *cohaerentia*, que significa conexión o unión. Su significado se refiere a la relación lógica y consistente entre ideas, palabras o acciones.

La coherencia es alineación interna. Es cuando lo que sientes, piensas, dices y haces no se contradice, sino que se sostiene mutuamente. Vivir en coherencia genera una sensación de integridad profunda, de honestidad contigo mismo. Ser coherente es escucharte, revisarte, ajustar cuando algo deja de resonar. Cuando te vuelves coherente, tu energía se ordena y, desde ahí, todo lo que haces tiene más fuerza y autenticidad.

7.- **Compasión**: Viene del latín *compassio*, que significa padecer con. Su significado es el sentimiento de ternura ante el sufrimiento ajeno.

La compasión es la capacidad de abrir el corazón sin perderte en el dolor del otro, es mirar con sensibilidad, sin juicio, reconociendo la humanidad compartida. No significa cargar con lo que el otro siente, sino que acompañar desde un lugar presente y consciente. La compasión sostiene, pero no invade, acompaña.

Sentir compasión no es sentir lástima, aunque se pueden confundir, la compasión es ser sensible ante lo que ocurre en el mundo. La invitación aquí es a llevar dicha compasión a la acción, es decir, inscribirte en esa organización de ayuda a los más necesitados, por ejemplo, u ofrecerte como voluntario en un hogar de ancianos o niños.

8.- **Compartir**: Viene del latín *compartiri*, que significa dividir con otros. Su significado es repartir algo en común.

Compartir es una forma de expansión, pues lo que das no se pierde, se transforma y se multiplica en experiencias, en vínculos y en sentido. No es solo acerca de cosas materiales, ya que compartes tu tiempo, tu energía, tu escucha, tu presencia con familia y amistades. Al compartir, ocurre algo profundo, pues dejas de centrarte únicamente en ti y comienzas a formar parte de algo más amplio, de un grupo, de una comunidad.

9.- **Conexión**: Viene del latín *connexio*, que significa unión o enlace. Su significado es la unión entre cosas, ideas o personas.

La conexión es un puente invisible que nos recuerda que no estamos separados, es ese momento en el que te sientes visto, comprendido, sentido. Conectar requiere presencia, estar disponible a dicho vínculo.

Existe además la conexión consigo mismo, con el cuerpo, las emociones, la intuición y muchas veces, este tipo de conexión es la más olvidada.

En un capítulo que escribí para un libro en colaboración, como escritora invitada expongo lo siguiente:

ALINEACIÓN

"Según el Diccionario de Cambridge, alineación significa "una disposición en la que dos o más cosas se colocan en línea recta o paralelas entre sí". Con esta definición, es fácil comprender el concepto de equilibrio de nuestros chakras en el plano espiritual. Para mí, la alineación significa estar en perfecta conexión con tres componentes clave de nuestro ser interior. Esta alineación debe sentirse en posición vertical:

- Fuente
- Glándula pineal en el centro del cerebro
- Corazón

Cuando alineamos estas tres áreas, nos convertimos en Seres Radiantes, equilibrando cada chakra y célula en nuestro interior. Según el Método Cyclopea, esta alineación se denomina Conexión. Sentir esta conexión es una experiencia trascendental, literalmente, porque alcanzamos planos superiores de conciencia. Es un estado de dicha absoluta."

Nota: en este caso, fuente se refiere a Dios, al Uno, al Origen, en definitiva, al nombre de tu preferencia para aludir a esa presencia creadora universal, espiritual.

10.- **Cuidado**: Viene del latín *cogitatus*, que significa pensar o reflexionar. Con el tiempo, esta palabra se relacionó con el verbo antiguo *coidar* y su significado apunta a la atención y diligencia para conservar algo.

Cuidar es un acto consciente, es proteger y sostener con presencia aquello que valoras. El cuidado se expresa en lo cotidiano: en tus hábitos, en tu descanso, en los límites que pones, en la calidad de tus pensamientos. También implica responsabilidad, porque cuidar algo requiere constancia, intención y elección.

Pregúntate:
¿Estoy cuidando lo que digo que es importante para mí? La respuesta puede mostrarte mucho.

11.- **Espiritualidad**: Viene del latín *spiritus*, que significa alma, aliento. Su significado se refiere a ser inmaterial y dotado de razón, además significa alma racional, es también principio generador, carácter íntimo, esencia o sustancia de algo. Si nos fijamos bien, la idea principal que se refleja aquí es el ser etéreo, energía pensante.

En un capítulo de un libro al que fui invitada a escribir como co-autora, digo: "La palabra espiritual proviene del término latino Spiritus y significa respirar, de manera más profunda significa "primer aliento", por lo tanto todos somos seres espirituales...Nuestro cuerpo físico es el templo de nuestro ser energía y juntos somos capaces de hacer grandes cosas, estamos unidos en este viaje llamado vida y estoy lista para ir a donde nos lleve."

Entonces, se habla mucho de nuestro lado espiritual, sin embargo, no existe tal lado, el ser espiritual lo es todo. Para dar a entender esto de mejor manera te invito a leer unos párrafos de un artículo titulado Espiritualidad y Negocios, que escribí para Brainz Magazine:

"Tendemos a vernos en partes, pensando que funcionamos de una manera cuando hacemos negocios o dentro de nuestro entorno profesional y funcionamos de una manera diferente en nuestra vida privada. Esto es solo una ilusión, porque no estamos separados de nada, somos una persona completa dentro de nosotros mismos.

Este sentido de separación nos hace pensar que la espiritualidad y los negocios o el trabajo son cosas completamente diferentes, estoy aquí para desafiar esa idea.

Cuando te levantas por la mañana, lo haces en una determinada vibración o frecuencia y esta frecuencia puede variar durante el día, nuestra vibración nos hará sintonizarnos con eventos de una frecuencia similar, por lo tanto la energía que emites es muy importante. Sí, así es, emites energía, ¿por qué? Bueno, porque tú eres energía, nosotros somos energía, todo en el universo es energía vibrando en diferentes frecuencias. Estamos inhalando y exhalando ciertas cualidades y rasgos que vienen con nosotros. La vibración es parte de nosotros, nuestra alma vibra y podemos verla y sentirla físicamente en nuestro corazón. Entonces, mi cuerpo funciona porque tengo un corazón, así es que cuando voy a trabajar ese corazón está conmigo y siento su peso.

Lo que estoy tratando de decir es que separarnos en pedazos realmente nos hace funcionar mal en este mundo y si reconocemos que sí, tenemos un negocio, trabajamos para ganarnos la vida, lo hacemos en mente, cuerpo y alma.

Aquí quiero hablar de la palabra alineación. Si mi cuerpo está actuando solo con mi intelecto o mente y dejo de lado mi corazón, estoy desalineada. Si mi cuerpo solo está actuando con mi corazón y dejo de lado mi mente, también estoy desalineada.

Nuestro objetivo es actuar en este mundo como un ser completo: mente, espíritu, alma, corazón, cuerpo funcionando juntos en armonía y tomando las mejores decisiones en conjunto, porque cuando lo hacemos así, somos capaces de conectarnos con el panorama más amplio, con lo que la ciencia llama el campo unificado, en otras palabras, el universo, Fuente o Dios."

12.- **Experiencia**: Viene del latín *experientia*, que significa prueba o ensayo. Su significado es el conocimiento adquirido a través de la vivencia.

La experiencia es una de las formas más honestas de aprendizaje. No pasa por la teoría ni por la idea, sino por el cuerpo, por el tiempo, por lo vivido, es lo que se incorpora sin necesidad de explicaciones. Cada experiencia deja una huella, aunque no siempre sea evidente en el momento. Algunas enseñan con claridad, otras lo hacen con el tiempo, cuando miras hacia atrás y descubres sentido en lo que antes parecía confuso.

La experiencia no es solo lo que ocurre afuera, sino también lo que se despierta dentro de ti mientras lo atraviesas. Dos personas pueden vivir lo mismo y, sin embargo, vivenciar mundos internos completamente distintos. Lo importante aquí es no quedarse en la teoría solamente, sino que vivirla.

13.- **Intención**: Viene del latín *intentio*, que significa dirigir hacia. Su significado es la determinación de dirigir la voluntad hacia un fin.

La intención es el punto de partida invisible de toda acción, ya que antes de lo que haces, está lo que decides internamente y esa decisión, consciente o no, orienta tu experiencia. Vivir con intención es salir del piloto automático, es preguntarte con honestidad por qué haces lo que haces, desde dónde lo haces y hacia dónde te está llevando. La intención no necesita ser compleja, pero sí clara, porque la intención también manifiesta realidad.

14.- **Intuición**: Viene del latín *intuitio*, que significa mirar hacia dentro. Su significado es el conocimiento interno, donde no media la razón.

La intuición es una forma de saber que no pasa por la lógica, pero sí por la certeza interna, es una percepción sutil, a veces difícil de explicar, pero profundamente reconocible. Aclaro aquí que la intuición no es impulsividad ni reacción automática, al contrario, es una claridad silenciosa que aparece cuando hay espacio interno suficiente para escucharla. Muchas veces la intuición ya sabe lo que la mente aún está intentando resolver y muchas veces no la oímos, pues para poder oírla, es necesario detener el ruido, desacelerar, volver a nosotros. En mi opinión, confiar en la intuición es también un acto de reconocimiento de mi propia sabiduría interna.

15.- **Libertad**: Viene del latín *libertas*. Su significado es la facultad de actuar según la propia voluntad.

Muchas veces la libertad se confunde con lo externo, pero su dimensión más profunda es interna, es la libertad de pensamiento, de emoción, de respuesta. Incluso en circunstancias difíciles, siempre existe un espacio interno donde puedes elegir cómo actuar frente a diversas situaciones.

El libre albedrío implica elección, ojalá responsable y sin olvidar que dichas elecciones traen resultados o consecuencias en nosotros. La libertad no es ausencia de límites, no es hacer todo lo que quieres, sino reconocer desde dónde eliges lo que haces.

Se nos puede privar de libertad física, sin embargo, nunca nadie nos podrá quitar la libertad de pensamiento y sentimientos. La libertad física sigue siendo un lujo en muchos lugares del mundo, entonces es oportuno valorar y agradecer la nuestra.

16.- **Luz**: Viene del latín *lux.* Su significado es el agente que hace visibles los objetos.

La luz es claridad, es aquello que permite ver lo que antes estaba oculto, confuso o no reconocido. Sin luz, todo puede permanecer en la sombra de la incertidumbre. La luz también es conciencia, es parte del espíritu. Ver la luz es la capacidad de darse cuenta, de comprender, de ver con mayor profundidad.

Hay momentos en la vida en los que la luz se siente tenue, y otros en los que se expande con fuerza, pero incluso en los momentos más oscuros, una pequeña luz puede cambiar completamente la percepción. La luz transforma la forma en que la habitas y, es más, grandes maestros espirituales dicen que la luz no combate, actúa por presencia. Solo tenemos que recordar que el ser-energía que somos es luz.

17.- **Pausa**: Viene del griego *pausis*, que significa cesar, detenerse. Su significado es una interrupción breve.

La pausa es un espacio de, yo diría, casi rebeldía dentro del movimiento constante de la vida. Es el momento en el que decides no reaccionar de inmediato, sino observar antes de continuar. En una cultura que valora la rapidez, la pausa se convierte en un acto profundamente necesario.

En la pausa no se pierde el tiempo, como muchos creen, sino que se recupera con mayor fuerza al reiniciar lo pausado. En la pausa puedes escuchar lo que normalmente pasa desapercibido, puedes reconectar contigo, con tu respiración, con tu intención, ya que, a veces, lo más importante no es avanzar más rápido, sino que saber cuándo detenerte un instante para volver a ti, a lo realmente importante.

18.- **Propósito**: Viene del latín *propositum*, que significa aquello que se pone por delante. Su significado es el ánimo de hacer algo, un objetivo que se desea conseguir.

Tener propósito es una dirección interna, una sensación de sentido que te acompaña mientras vives. No es algo que necesariamente se encuentra una sola vez, sino algo que se va revelando con el tiempo, a través de la experiencia, de las decisiones y de la escucha interna. Es preciso recordar, en este punto, que la vida misma se encarga de darnos sentido, de guiarnos y mostrarnos pasos de acción. Nuestros padres y abuelos vivían la existencia cotidiana dando lo mejor de sí, de sus habilidades, siendo, en su mayoría, personas consideradas y amables. Vivir dando lo mejor de nosotros ya es un propósito loable.

19.- **Responsabilidad**: Viene del latín *responsabilis*, que significa que requiere respuesta. Su significado es la capacidad de responder por los propios actos.

La responsabilidad es la capacidad de responder a lo que la vida te presenta. No siempre eliges lo que ocurre, pero sí eliges cómo lo interpretas y cómo respondes a ello. En ese espacio entre lo que sucede y tu respuesta, reside tu libertad y como ya vimos antes, la libertad es también responsabilidad. Asumir responsabilidad es dejar de colocar todo fuera y comenzar a reconocer tu participación en tu propia experiencia.

20.- **Sabiduría**: Viene del latín *sapere*, que es el verbo saber. Su significado es poseer un alto grado de conocimiento y experiencia de la vida.

Generalmente, un ser sabio es aquel que ha recorrido un camino, no solo espiritualmente, sino que ha vivido experiencias que han transformado su vida y esto ha servido de inspiración a otros. No debemos confundir sabiduría con inteligencia, una persona puede ser muy inteligente, pero carecer de inteligencia emocional, por ejemplo.

Se dice que la sabiduría viene con la edad, sin embargo puedo decir que esto no es siempre así, muchas veces las experiencias que vivimos nos han hecho más fuertes y resilientes y nos han dado la sabiduría necesaria para caminar la vida de la mejor manera posible para nosotros. Todos poseemos una sabiduría innata que está esperando salir a la luz en los momentos necesarios.

Por otro lado, la sabiduría no tiene que ver con ego, normalmente, un ser sabio no se siente como tal, por eso tiene sentido la frase del famoso filósofo Socrates que dice: “Solo sé que nada sé", la humildad es fundamental a la hora de aplicar nuestra experiencia de vida, nunca terminamos de aprender realmente.

21.- **Simplicidad**: Viene del latín *simplicitas*. Su significado es la cualidad de lo simple, sin complicación.

La simplicidad es quitar lo innecesario para dejar espacio a lo esencial. En la simplicidad hay descanso, menos ruido, menos exceso, menos carga mental y en ese espacio, aparece lo importante. Vivir con simplicidad es una elección consciente en un mundo que constantemente empuja hacia la complejidad. Muchos momentos hermosos de la vida se encuentran en lo simple de la vida cotidiana, son aquellos que, probablemente, quedarán en nuestra memoria.

EL ARTE DE HABLARNOS

Hemos llegado al final de este libro. Aunque el recorrido podría seguir creciendo en muchas direcciones, por ahora quiero dejarte estas palabras como una pausa consciente en medio de todo lo que aún podría decirse.

Todo lo que has recorrido en estas páginas nos devuelve a una idea esencial: las palabras no son solo sonido o escritura, son energía en movimiento, pensamiento que toma forma y acción invisible que se proyecta en la mente, en el cuerpo y también en aquello que llamamos alma.

La forma en que te hablas, la forma en que nombras lo que vives y la forma en que interpretas tu experiencia van modelando, poco a poco, la realidad en la que habitas. Por eso, prácticas como el journaling, las afirmaciones o el acto consciente de nombrar las cosas no son simples herramientas, sino formas de presencia, maneras de mirar hacia dentro y reorganizar lo que sientes y lo que piensas.

Creer en ti no es un concepto abstracto, es una práctica diaria que comienza en el lenguaje interno. Cuando eliges hablarte con respeto y decides acompañarte con palabras que sostienen en lugar de debilitar, estás cultivando una forma de amor propio que se vuelve visible en tu vida.

Las palabras crean hábitos y los hábitos crean dirección. Al volverte consciente de lo que dices, comienzas a transformar no solo tu comunicación con otros, sino también la calidad de tu experiencia interna. No hay palabras sin significado, todas llevan una intención, una carga y un efecto, incluso cuando no somos plenamente conscientes de ello. Las palabras también son acción, no solo describen la vida, la orientan. Cuando se alinean con lo que sientes en lo más auténtico de ti, te vuelves más coherente y más presente.

Hablar desde el corazón es aprender a integrar lo que piensas, lo que sientes y lo que expresas. En ese mismo movimiento, la escucha se vuelve igual de importante que la palabra, porque una conversación no es solo emitir, también es recibir. Practicar la escucha activa es reconocer que el otro también está habitado por un mundo que merece ser comprendido. En ese intercambio, las palabras dejan de ser un monólogo y se convierten en encuentro.

También es importante recordar que todo es transitorio: las emociones, las situaciones y las dificultades. El tiempo y el espacio no son solo escenarios donde ocurre la vida, también son aliados que permiten que aquello que hoy parece confuso encuentre, poco a poco, su propio orden. A veces, la vida no es resolver de inmediato, sino que permitir que madure en su propio ritmo. En ese proceso, las palabras que eliges para hablarte a ti y a otros importan.

Tomarte el tiempo de elegir cómo te hablas es una forma de cuidado profundo, es reconocer que eres capaz, que puedes avanzar y que puedes sostenerte incluso en medio de la incertidumbre, no desde la exigencia, sino desde la confianza. El hablarte bien, hará que, a su vez, le hables bien a otros, a que tu comunicación sea infinitamente mejor.

Las palabras, cuando se viven conscientemente, tienen el poder de hacerte más radiante, no porque cambien quién eres, sino porque te ayudan a recordar lo que ya eres: un ser-energía, comunicándose desde su origen divino consigo mismo y con otros. Quizás ahí reside la enseñanza más profunda de este camino: no necesitas convertirte en alguien distinto, sino aprender a habitarte con palabras que te devuelvan a tu esencia interna.

Mis actividades siempre tienen en cuenta aquello que nos eleva por sobre las dificultades de este mundo, pues otra palabra que me acompaña es servicio, ese que nace desde el corazón. Por esta razón y, para acompañarte en este viaje hacia las palabras, constantemente agrego recursos en mi página web y en mis cursos, como cartas con afirmaciones y ejercicios, diarios y cuadernos de notas, libros y episodios de mi podcast Palabras Luminosas.

Te invito a visitar mi sitio web para obtener más detalles: https://www.sanchezveronica.com

Muchas gracias por tu presencia y por tu lectura.

Verónica Sánchez de Darivas

Si este libro te resultó útil, por favor deja una reseña en Amazon o en tu plataforma de compra.

AGRADECIMIENTOS

Este libro no habría sido posible sin el apoyo de personas clave en mi vida y en este proceso de escritura e investigación.

Agradezco a mi mentora literaria y de marca, Pam Brossman, por su guía y ayuda con la portada de este libro.

Mi más profundo agradecimiento a mis amigas Bettina Noack y Andrea Santelices por estar siempre a mi lado, acompañándome en todos mis proyectos y también en mis locas ideas.

Agradezco especialmente a mis entrevistados Karen Muci, Alejandro Cuevas Arriagada y Bettina Noack.

Agradezco también al personal de todas las cafeterías que me recibieron durante tantos días y horas de investigación y escritura de este libro, siempre con un rico café y amena conversación. Dichas cafeterías son Mokoko en Bristol, Reino Unido, además de Morrow, 279 y Code Black en Melbourne, Australia.

Finalmente, quiero agradecer a mi esposo, Arthur y a nuestros hijos, Ollie y Marcus; también a mis hermanos, sobrinos y a toda mi familia, por su apoyo, comprensión y amor.

SOBRE LA AUTORA

Verónica Sánchez de Darivas es chilena y también posee la nacionalidad australiana. Nació y creció en Chile y es Profesora de Castellano.

En Chile conoció a su esposo australiano y después de casarse vivieron en Estados Unidos. Verónica y su esposo residieron durante dos años en Denver, Colorado. Fue allí donde quedó embarazada de sus mellizos y, cuando tenía cuatro meses de embarazo, ambos se mudaron a Sydney, Australia, ciudad donde nacieron sus hijos. Permanecieron tres años en Sydney y luego la familia regresó nuevamente a Chile.

Durante todos estos cambios de países y ciudades, Verónica siempre se mantuvo muy activa, escribiendo y dando vida a diversas iniciativas. Entre ellas, creó un sitio web infantil para aprender inglés y participó activamente en la Asociación de Padres del colegio internacional de sus mellizos. También escribió e ilustró algunos libros para sus hijos y sus compañeros de clase, además de crear un blog donde compartía sus experiencias de viaje. Después de casi ocho años viviendo nuevamente en Chile, la familia regresó a Australia para establecerse en Melbourne.

Antes de regresar a Australia, Verónica se involucró profundamente en el mundo espiritual, convirtiéndose en Instructora Certificada del Método Cyclopea y llevando esta técnica al mundo de habla inglesa. Desde hace varios años presenta el método en Australia y Europa en idioma inglés y, más recientemente, también de manera online. Además, prepara a otros instructores para enseñar este método en inglés.

Como promotora del desarrollo personal, la elevación de la conciencia y la espiritualidad, Verónica ha estudiado diversas técnicas de manejo del estrés y empoderamiento para ayudar a otros en su camino de autoconocimiento y sanación. Entre otras iniciativas, creó un taller sobre el poder de las palabras donde presentaba su Enfoque 21 Palabras© y escribió un libro que surgió como extensión de dicho taller virtual. El libro que tienes hoy en tus manos profundiza en el tema del poder de las palabras, una tarea que Verónica comenzó hace ya varios años.

Las creaciones de Verónica siempre se basan en experiencias personales, con la esperanza de ayudar a tantas personas como sea posible y guiarlas a encontrar dentro de sí mismas las herramientas necesarias para transformarse y evolucionar.

Actualmente, Verónica vive en Melbourne, Australia, después de haber pasado varios años en Inglaterra, Reino Unido, algo que refleja la permanente inclinación de su familia por viajar y conocer diferentes culturas.

<u>Verónica Sánchez de Darivas</u>
Coach de Vida Espiritual, escritora y profesora.
Creadora del curso online Hábitos Positivos: 21 Palabras que Transforman tu Vida Diariamente y del Enfoque 21 Palabras©.
Instructora Certificada del Método Cyclopea.
Coach Certificada de HeartMath.
Especialista en Terapia de Escritura.
Creadora de diarios y cuadernos de notas disponibles en Amazon, además de cartas de afirmaciones y ejercicios.
Conductora de Palabras Luminosas Podcast.

BIBLIOGRAFÍA

Aggarwal, P., & McGill, A. L. (2007). *Is That Car Smiling at Me? Schema Congruity as a Basis for Evaluating Anthropomorphized Products*. Journal of Consumer Research, 34(4), 468–479.

Barrett, Lisa Feldman. *How Emotions Are Made*.

Beck, Guy L. *Sonic Theology: Hinduism and Sacred Sound*.

Brédart, S. (2021). *The Influence of Anthropomorphism on Giving Personal Names to Objects*. Advances in Cognitive Psychology, 17(1), 33–37.

Cialdini, Robert B. *Influence: The Psychology of Persuasion*. Harper Business.

Damasio, Antonio. *The Feeling of What Happens*.

Daniélou, Alain. *The Myths and Gods of India*.

Doidge, Norman. *The Brain That Changes Itself*.

Doty, James. *Mind Magic: The Neuroscience of Manifestation and How It Changes Everything*.

Ekman, Paul. *Emotions Revealed*.

Epley, N., Waytz, A., & Cacioppo, J. T. (2007). *On Seeing Human: A Three-Factor Theory of Anthropomorphism*. Psychological Review, 114(4), 864–886.

Feuerstein, Georg. *Tantra: The Path of Ecstasy*.

Goldin Meadow, Susan. *Hearing Gesture: How Our Hands Help Us Think*.

Gonda, Jan. *Vedic Literature*.

Grönholm, P., Rinne, J. O., Vorobyev, V., & Laine, M. (2005). *Naming of Newly Learned Objects: A PET Activation Study*. Brain Research Cognitive Brain Research, 25(1), 359–371.

Grundmann, S., Rockenbach, B., & Werner, K. (2025). *First Names and Ascribed Characteristics*. Journal of Economic Behavior & Organization, 234, 107005.

Govinda, Lama Anagarika. *Foundations of Tibetan Mysticism*.
Hebb, Donald. Estudios sobre neuroplasticidad y aprendizaje neuronal.
Kandel, Eric. *In Search of Memory: The Emergence of a New Science of Mind*.
Lakoff, George & Johnson, Mark. *Metaphors We Live By*.
Loftus, Elizabeth F. & Palmer, John C. (1974). *Reconstruction of Automobile Destruction: An Example of the Interaction Between Language and Memory*. Journal of Verbal Learning and Verbal Behavior.
McNeill, David. *Hand and Mind: What Gestures Reveal About Thought*.
Mehrabian, Albert. *Silent Messages*.
Newberg, Andrew & Waldman, Mark Robert. *Words Can Change Your Brain*.
Nishikawa, T., et al. (2023). *Naming Objects for Vision and Language Manipulation*. arXiv.
Padoux, André. *Vac: The Concept of the Word in Selected Hindu Tantras*.
Panikkar, Raimon. *The Vedic Experience*.
Pinker, Steven. *The Language Instinct*.
Sacks, Oliver. *Seeing Voices*.
Simmer Brown, Judith. *Dakini's Warm Breath*.
Studholme, Alexander. *The Origins of Om Mani Padme Hum*.
Van der Kolk, Bessel. *The Body Keeps the Score*.
Woodroffe, Sir John (Arthur Avalon). *The Serpent Power*.
Biblia. Evangelio de Juan 1:1.
Heráclito. Escritos y estudios sobre el Logos.
Filón de Alejandría. Estudios sobre el Logos y el Verbo creador.

Artículos y recursos consultados de Brainz Magazine, The Clinic, PubMed, PMC (PubMed Central), Nature, MDPI, Frontiers in Psychology, ScienceDirect, APA PsycNet, Cambridge University Press, Genome.gov, GenMindful, Preply, Ascension Lifestyle y arXiv.

Otros estudios científicos, artículos académicos y publicaciones especializadas fueron incorporados e integrados directamente en los distintos capítulos de este libro, con el fin de facilitar la lectura y la comprensión de los temas abordados.

Para obtener los diarios, cuadernos y más información, visita el sitio web de Verónica:

https://www.sanchezveronica.com

Si este libro te resultó útil, por favor deja una reseña en Amazon o en tu plataforma de compra.

www.ingramcontent.com/pod-product-compliance
Lightning Source LLC
LaVergne TN
LVHW030911080826
845145LV00010B/2860

* 9 7 8 0 6 4 5 5 6 0 6 5 7 *